Helmut F. Kaplan

Der Verrat des Menschen an den Tieren

Vegi-Verlag

Für meinen Freund Mecky, gestorben am

23. November 2005

Impressum

Der Verrat des Menschen an den Tieren

2. Auflage

Helmut F. Kaplan

www.tierrechte-kaplan.org

Layout und Umschlaggestaltung

Ruben Schmitt

www.art-e-fakt.org

Herstellung: Books on Demand GmbH, Norderstedt

Vegi-Verlag

Bahnhofstr. 52

CH-9315 Neukirch-Egnach

www.vegetarismus.ch/verlag

ISBN-13: 978-3-909067-06-0

Inhalt

Vorwort

Alle Texte dieses Bandes sind in sich abgeschlossene Artikel, die drei Themen zugeordnet sind. Daraus ergibt sich eine mitunter vielleicht etwas schwer erträgliche Dichte an belastenden Schilderungen sowie Wiederholungen zentraler Aspekte und Konzepte. Deshalb empfiehlt es sich möglicherweise, die Texte nicht „in einem Zug“ zu lesen, sondern sich jeweils ein paar herauszusuchen, deren Titel einen gerade ansprechen.

Jeder Artikel steht, wie gesagt, für ein bestimmtes Thema bzw. dient dessen Erläuterung (oder der Erläuterung eines Aspektes davon). Bei den Themen handelt es sich um die folgenden: Terror gegen Tiere; Einheit der Ethik; Strategien für Tierrechte.

Diese Abfolge repräsentiert Inhalt und Programm der vorliegenden Schrift: Wir üben gegenüber Tieren eine welthistorisch beispiellose Schreckens- und Terrorherrschaft aus. Diese steht in krassem Widerspruch zu *jeglicher* Ethik und zu *allen* unseren moralischen Prinzipien. Diesen Skandal gilt es zu erkennen und zu beseitigen. Und zwar dadurch, daß wir Tieren jene Rechte zugestehen, die sie brauchen, um ein würdiges und ihren Interessen entsprechendes Leben zu führen.

Die Texte sind in der alten Rechtschreibung verfaßt. Nur die Silbentrennungen erfolgen aus technischen Gründen gemäß der neuen Rechtschreibung. Ruben Schmitt, von dem auch das kongeniale Cover stammt, danke ich für seinen immensen Einsatz bei organisatorischen Fragen und Manuskriptgestaltung. Auf Jürgen Kreitners menschliche Ermunterung, kompetente Beratung und zuverlässige Hilfe konnte ich mich dankenswerterweise auch bei diesem Projekt verlassen. Renato Pichler danke ich für seine vielfältigen Ratschläge und Unterstützungen, mit denen er seit langem meine Arbeit begleitet und fördert.

Salzburg, im Juni 2006 — Helmut F. Kaplan

Es gibt ein gutes Kriterium für den richtigen Umgang mit Tieren:
Wie würde sich dieses Tier vor einem moralischen Schiedsgericht
über mich äußern?

Einleitung

Warum sollen wir uns für Tierrechte einsetzen? Es gibt viele Gründe. Einer ist Dankbarkeit: Alle Menschen haben jeden Grund, ununterbrochen dankbar dafür zu sein, nicht als Tier auf die Welt gekommen zu sein. Denn wir haben die Welt in eine einzige grauenhafte Hölle für Tiere verwandelt. Zwei Beispiele:

„Fohlenschicksal: Vom Lockvogel zum Leberkäs

Das Schicksal von Maxi hat uns daran erinnert, wie furchtbar bei uns mit Fohlen umgegangen wird. Das fängt schon einmal dabei an, dass Pferdezuchtverbände die Empfehlung abgeben, ‚eine Stute niemals leer stehen zu lassen'. (...) Stuten werden am laufenden Band gedeckt. Ganz bewusst werden Fohlen gezüchtet, die dann als Streicheltiere am Bauernhof und auf der Alm Touristen anlocken, entzücken, unterhalten und natürlich speziell bei Kindern beliebt sind. So ein süßes Fohlen macht ja viel Freude. Ist die Saison vorbei, ist es allerdings auch mit dem süßen Fohlen vorbei, es wird dann nämlich auf einem der großen Pferdemärkte in Kärnten, Salzburg oder der Steiermark verkauft. Dazu werden die Fohlen brutal von ihrer Mutter getrennt und mit Elektroschock verfrachtet. Auf den Pferdeaktionen werden hunderte Fohlen nach Süditalien verkauft, wo sie nach einer kurzen Mast zu Salami und Leberkäse verarbeitet werden. (...) Nicht einmal ein Jahr werden die Tiere alt." (Animal Spirit, 5, 2002)

Ich zitiere aus einer PETA-Information über richtige Hundehaltung (Überschrift: „Ein 'Ketten'-Hund muß zusehen, wie das Leben an ihm vorbei geht"):

„Wenn wir die denkbar grausamste Strafe für Hunde erfinden müssten, könnte uns vermutlich nichts einfallen, was noch schlimmer ist als 'Einzelhaft'. Hunde sind Rudeltiere, deshalb brauchen sie die Gesellschaft von anderen. Die meisten Menschen, die ihren Hund anketten wissen gar nicht, wie viel es einem Hund bedeutet, wenn man ihn am Ohr krault, mit ihm Apportieren spielt und ihn ins Haus zur Familie lässt."

„Die schlichte Tatsache, dass mein Hund mich mehr liebt als ich ihn, ist einfach nicht wegzuleugnen und erfüllt mich immer mit einer gewissen Beschämung. Der Hund ist jederzeit bereit, für mich sein Leben zu lassen ... und ich?" Konrad Lorenz

„Bitte eines 'Ketten'-Hundes
Warum sagt mir keiner, was ich falsch gemacht habe? Warum muss ich an der Kette liegen und so lange allein sein? Sie haben sich doch so über mich gefreut, als ich als Welpe zu ihnen kam. Und wir haben doch so viel zusammen unternommen bis ich groß wurde. Aber jetzt hat 'Herrchen' keine Zeit und 'Frauchen' sagt, ich haare. Sie will mich nicht im Haus haben nicht mal zum Füttern. Die Kinder gehen nie mit mir spazieren. Immer sagen sie: 'Jetzt nicht.' Wenn ich es ihnen doch recht machen könnte. Kann mir keiner sagen wie? Liebe war nämlich alles, was ich hatte."

Gleichgültigkeit, Grausamkeit und Verrat gegenüber Tieren sind dermaßen ausgeprägt, daß sie oft quasi ihre eigene Dimension sprengen und ins Surreale, Absurde und unfreiwillig Komische abdriften. Und, man kann es nicht anders sagen, in einen Zynismus, der an den Wahnsinn grenzt. So hieß es etwa in einem TV-Bericht (am 25. 11. 2002) über die „Bambi"-Verleihung 2002 in Berlin, in dem es vor allem auch um die gastronomische Versorgung der Gäste ging, sinngemäß: Natürlich mußte auch dem Namensgeber des Preises, dem Bambi, in gebührender Weise die Ehre erwiesen werden. Dies geschah, indem den Gästen Rehrücken serviert wurde.

Die Überschrift zu einem Bericht über eine Rassekaninchen-Schau (zitiert im Spiegel, 1, 2003), bringt diesen zynischen Wahnsinn auf den Punkt: „Kleine Tiere zum Züchten, Kuscheln und Braten".

Zurück zur Dankbarkeit. Wie gesagt, wir haben allen Grund, immer dafür dankbar zu sein, nicht als Tiere auf die Welt gekommen zu sein. Dankbarkeit hat in gewisser Weise eine religiöse Dimension. Denn sie beinhaltet das Bedürfnis, diese Dankbarkeit auch irgendwie auszudrücken und auszusprechen. Gerade dies ist für nichtreligiöse Menschen in jenen Fällen, wo die Dankbarkeit besonders groß ist – etwa bei der Dankbarkeit für unsere oder unserer Kinder Gesundheit –, aber schwierig: Es gibt nichts und niemandem, dem man vernünftigerweise direkt danken könnte.

Dies ist wohl eine jener psychologischen Grundkonstellationen, die die Entstehung einer göttlichen Instanz fast unausweichlich machen: Um der innerseelischen Logik und Gesundheit willen brauchen wir einen „verantwortlichen" Ansprechpartner – in diesem Falle, um ihm danken zu können. „Ich brauche einen Gott, damit ich ihm danken kann", sagte der deutsche Ex-Bundespräsident Roman Herzog im Gespräch mit dem Moderator Reinhold Beckmann. Und der Philosoph Daniel Dennett erklärte im Spiegel-Interview: „Auch ich erstarre in Ehrfurcht vor dem Universum. Auch ich bin glücklich, hier zu sein. Das Problem ist nur: Es gibt da draußen niemanden, dem ich danken könnte."

Aber natürlich können und sollen auch nichtreligiöse Menschen dankbar sein. Vielleicht können sie sogar auf „reinere", „selbstlosere" Art dankbar sein – weil sie für dieses Dankbarsein sinnvollerweise keinerlei Belohnung erwarten können: Während Dankbarkeit gegenüber Gott immer auch bedeutet oder zumindest bedeuten kann „Weil ich mich für vergangenes Glück dankbar zeige, habe ich auch ein gewisses Anrecht auf zukünftiges Glück", ist die Dankbarkeit des Nichtgläubigen notwendig frei von solchen Überlegungen oder Erwartungen.

Aber beim Nichtgläubigen erhebt sich, wie gesagt, eine ganz andere Frage: Wie kann man dankbar sein, geschweige denn, dies zeigen, wenn es dafür keinen „Ansprechpartner" gibt? Andererseits sollte man den Unterschied zwischen dem dankbaren Nichtgläubigen und dem dankbaren Gläubigen auch nicht übertreiben. Schließlich eint beide die Erkenntnis, daß man jeden Grund der Welt hat, gelassen und froh darüber zu sein, daß das eigene Leiden im Vergleich zum insgesamt vorhandenen und uns umgebenden Leiden von geradezu lächerlicher Geringfügigkeit ist.

Dennoch läßt sich ein wichtiger Unterschied nicht wegleugnen: Während die Dankbarkeit des Gläubigen in einer Kommunikation mit einem anderen ihren Ausdruck findet („Herr, ich danke Dir ....“), ist der Nichtgläubige quasi auf ein „Selbstgespräch“ angewiesen: „Weil mir größeres Unglück erspart blieb, will ich meine vergleichsweise kleinen Probleme gelassen und mit Würde ertragen.“

Beim Gläubigen wird ein großer Teil des Impulses zum Dankbarsein, der „Dankbarkeits-Energie“ quasi, durch das Dank-*Sagen* absorbiert, während der Nichtgläubige auf das Dankbar-*Sein* angewiesen ist. Mit anderen Worten: Während beim Gläubigen mit dem Dank-*Sagen* ein Großteil des „Dankbarkeits-Prozesses“ abgeschlossen ist (oder zumindest sein kann), drängt das Dankbar-*Sein* des Nichtgläubigen aufgrund „überschüssiger Dankbarkeits-Energie“ zu weiteren Aktivitäten, zum Dank-Sagen in Form von Handeln.

Und die naheliegendste, “logischste“ Form des Dank-Sagens in Form von Handeln besteht bei der Dankbarkeit für nicht erlittenes Unglück wohl im Lindern fremden Unglücks. Das Lindern des Leidens anderer ist die „natürliche“ Reaktion dessen, der dankbar dafür ist, selber „verschont“ worden zu sein. Die Dankbarkeit dafür, nicht als Tier auf die Welt gekommen zu sein, findet also ihren konsequenten Ausdruck im Lindern des Leidens der Tiere – und im Kampf für ihre Rechte.

Dankbarkeit ist also *ein* Grund, sich für Tierrechte einzusetzen. Aber es gibt noch andere. Zum Beispiel ein rationales Weltbild, das unbestreitbare biologische und psychologische Fakten im Hinblick auf tierliches und menschliches Erleben ernst nimmt. Oder das Bekenntnis zu einer konsequenten Ethik, die Wesen nicht aufgrund der Beschaffenheit der Behaarung oder der Anzahl der Beine diskriminiert. Oder einfach der Wunsch, einen Beitrag zur Beendigung des größten Gewaltverbrechens der Menschheitsgeschichte zu leisten.

I. Terror gegen Tiere

Der Verrat des Menschen an den Tieren

„Die Tiere standen dann beim Abladen ganz still, erschöpft, und eins, welches blutete, schaute dabei vor sich hin mit einem Ausdruck in dem schwarzen Gesicht und den sanften schwarzen Augen wie ein verweintes Kind. Es war direkt der Ausdruck eines Kindes, das hart bestraft worden ist und nicht weiß, wofür, und auch nicht weiß, wie es der Qual und der rohen Gewalt entgehen soll."
Rosa Luxemburg über die als Zugtiere mißbrauchten und geschundenen rumänischen Büffel, die sie durch ihr Zellenfenster beobachten konnte.[1]

Verrat ist wahrscheinlich jene Beziehung, die für unser Verhältnis zu Tieren am charakteristischsten ist. Sicher, auch Grausamkeit ist ein hervorstechendes Merkmal unseres Umgangs mit Tieren. Aber Verrat als Grundhaltung geht den einzelnen Akten der Grausamkeit voraus und überdauert diese.

Letztlich sind wohl die meisten Begegnungen von Menschen mit Tieren von Verrat gekennzeichnet. Das trifft nicht nur auf jene widerwärtigen Fotos zu, auf denen lachende Metzger, Bauern oder Politiker mit Tieren zu sehen sind, die sie bald umbringen oder aufessen werden. Verrat ist auch bei scheinbar harmlosen Anlässen allgegenwärtig, etwa wenn wir zufällig mit Tieren in Berührung kommen: Sie sind zutraulich und begegnen uns freundlich und wohlgesinnt, wir aber sind rücksichtslos, bösartig, und heimtückisch – oder haben zumindest entsprechende (Hinter-)Gedanken.

Urbild und diabolischer Höhepunkt unseres Verrates an den Tieren ist das hinterhältige Hinführen der Tiere zum Umgebrachtwerden. Der von Zynismus triefende Text unter einem Foto, das eine Gänseschar mit ihrem „Hirten" zeigt, veranschaulicht mit schauerlicher Prägnanz den menschlichen Verrat an den Tieren: „Die Gänse folgen Tag für Tag dem Hüter voll Vertrauen ins Nachtquartier. Sie werden demnächst ebenso vertrauensselig wie ahnungslos hinter ihm zur Schlachtbank marschieren."[2]

Um den menschlichen Verrat an Tieren in seiner ganzen Abartigkeit und Abscheulichkeit aufzuzeigen, wollen wir im folgenden drei hierfür wesentliche Tatsachen herausarbeiten:

1. Tiere verhalten sich uns gegenüber freundlich und hilfreich

Tiere begegnen uns, wie gesagt, in aller Regel freundlich. Natürlich gibt es auch Situationen, in denen dies anders ist, etwa, wenn uns ein Löwe im Urwald, ein Hai im Ozean oder ein Krokodil im Nil angreift. Aber das sind ausgesprochene Ausnahmen. Moralisch entscheidend und für den Menschen typisch ist, wie wir uns gegenüber jenen Tieren verhalten, mit denen wir „in der Zivilisation" zusammenleben, die von uns abhängig sind und die uns absolut „nichts getan" haben.

Tiere begegnen uns aber auch abseits menschlicher Siedlungen oft freundlich, ja sie retten uns manchmal sogar das Leben – „von sich aus", ohne sich in irgendeinem Abhängigkeitsverhältnis zu uns zu befinden. So hat etwa ein Delfin einen 14-jährigen Buben gerettet, der an der süditalienischen Küste vor Apulien in Seenot geraten war. Der Junge, der nicht schwimmen konnte, war von einem kleinen Boot ins Meer gefallen. „Dort habe", so ein Zeitungsbericht, „sich ein Delfin dem Buben genähert, ihn mit seinem Körper an der Wasseroberfläche gehalten und mit sanften Stößen in Richtung des Bootes befördert" und ihm so das Leben gerettet.[3] Solche tierlichen Rettungsaktionen sind erwiesenermaßen keine Einzelfälle.

E. Gavin Reeve[4] berichtet von einem Mischlingshund namens Blackie, der vergeblich versucht hatte, den vier Monate alten Säugling Ian vor dem Feuertod zu bewahren. Beide kamen in den Flammen um.

Zwar hatte niemand den tapferen Rettungsversuch des Hundes direkt beobachtet, aber dieser hatte eindeutige Spuren hinterlassen: leichte Abdrücke seiner Zähne an den Schultern des Babys, die vom Versuch, es vom Feuer wegzuziehen, zeugten.

Dieses war in der Küche ausgebrochen. Während die Mutter zu ihren beiden anderen Kindern eilte, rannte Blackie in Ians Schlafzimmer. Die Mutter hörte einen Bums: wahrscheinlich der Aufprall des Kindes am Boden, nachdem der Hund es aus seinem Bett gezogen hatte.

Der tote Ian wurde nur wenige Zentimeter von Blackies ausgestreckten Pfoten entfernt gefunden.

Der Hund war der Familie ein Jahr zuvor zugelaufen und seit Ians Geburt meist an dessen Bett gesessen.

Zahllose weitere Beispiele für selbstloses Verhalten bei Tieren finden sich bei John Robbins[5] und Joan Dunayer[6].

2. Wir nehmen die Dienste und Hilfe der Tiere gerne und ausgiebig in Anspruch

Daß wir von den Diensten, die uns Tiere erweisen und erweisen können, gerne und ausgiebig Gebrauch machen, ist nicht zu übersehen. Denken wir nur etwa an den vielfältigen Einsatz von Hunden: Sie fahnden nach Drogen, sie suchen nach Verschütteten, sie führen Blinde usw. Überall und immerzu machen wir uns Tiere zunutze. Dabei soll hier gar nicht von jenen Bereichen die Rede sein, in denen von vornherein augenscheinlich ist, daß wir die Tiere nicht nur nutzen, sondern schlicht *ausnutzen*, etwa bei der Erzeugung von Fleisch oder bei der Durchführung von Experimenten mit ihnen. Vielmehr wollen wir unsere Neigung, Tiere für uns dienstbar zu machen, an einer im Vergleich zu anderen Nutzungen äußerst harmlosen Praxis demonstrieren, den sogenannten „Tiertherapien“.

Die therapeutische Wirkung von Tieren wird gezielt eingesetzt, etwa in Krankenhäusern, Erziehungsheimen und Gefängnissen. Worum es dabei grundsätzlich geht, erläutert das Informationspapier „‚Heilkraft‘ der besonderen Art“[7] des österreichischen Instituts für interdisziplinäre Erforschung der Mensch-Tier-Beziehung: „Für die Menschen der Antike war es selbstverständlich, was neueste Forschungen nun empirisch beweisen: daß Menschen, die mit einem ... Heimtier zusammenleben, ausgeglichener sind, freundlicher und ‘stabiler‘. Daß sie Krankheiten leichter bewältigen und Krisen besser meistern.“ Ein konkretes Beispiel[8] soll Wesen und Wirkung der Tiertherapie veranschaulichen:

„Sie heißt Anna; ist Patienten im Psychiatrischen Krankenhaus auf der Baumgartner Höhe in Wien; geistig schwer behindert. Sie wird nie ohne stationäre Behandlung auskommen können. Der Initiative moderner Psychiater verdankt sie es, einmal wöchentlich ‚Tierbesuch’ zu bekommen. Eine junge Wiener Tierpädagogin hat das organisiert: Sie kommt mit Hund und Hasen, Hamster und Huhn. Läßt sie von den Patienten streicheln, füttern, zeichnen. Sieht ein Lächeln auf sonst leeren Gesichtern.

Nur Anna reagiert nicht; monatelang nicht. Oder höchstens mit einem bösen Achselzucken. Ein letzter Versuch: Man zeigt ihr einen jungen Zwerghamster und ihm gelingt das kleine, große Wunder: ‚Liab’, sagt die Anna. Diese Anna, die von sich aus keine Silbe artikuliert, die bestenfalls einzelne Worte nachsprechen kann. Dem Mini-Hamster ist gelungen, was geduldige Therapeuten bislang nicht schaffen konnten: die ‚Mauer’ zu durchbrechen, die diese Kranke umgibt.“

Der Einsatzbereich von „Tiertherapien“ oder „tiergestützten Therapien“, wie diese systematische Nutzbarmachung der heilenden Wirkung von Tieren auch genannt wird, ist groß – entsprechend der Grundthese dieser vergleichsweise neuen Disziplin: „Wesen mit Flossen, Fell oder Flügeln können helfen, Krankheiten und Behinderungen von Menschen zu heilen oder zu lindern.“[9] Sehen wir uns stellvertretend für das breite Anwendungsspektrum von Tiertherapien drei Bereiche an:

Zunächst ein Beispiel für die Behandlung von Behinderten mittels Delfinen: „Die 20 Monate alte Lea-Paulina ist mit einem Hirnschaden geboren worden und meist ganz in ihrer Innenwelt befangen. Was andere Außenreize kaum vermögen, gelingt Nickkis Delfinschnauze: Sie weckt für Sekunden die gesammelte Aufmerksamkeit des Mädchens."[10] (Wir verwenden Delfine, um Minen aufzuspüren.[11])

Auch Hühner helfen Menschen, im Leben wieder zurechtzukommen: „Ein Huhn kann Halt geben und das Herz wärmen, wenn das Vertrauen in Menschen zerrüttet ist. Vernachlässigte, misshandelte und missbrauchte Jugendliche ... treffen im amerikanischen Farm-Internat ‚Green Chimneys' auf Seel-Sorger mit Federn ...."[12] (Wir sperren Hühner lebenslang in Drahtkäfige, deren Grundfläche pro Tier deutlich kleiner ist als eine Druckseite des „Spiegel".[13])

Besonders vielfältig ist der Einsatzbereich von Hunden (denen wir zu Versuchszwecken Sprengstoff verfüttern bis sie daran elend zugrundegehen[14]). Über die Ausbildung zum Blindenhund erfahren wir:

„Bis zu einem Jahr werden geeignete Hunde von Spezialausbildern trainiert, Menschen zur nächstgelegenen freien Parkbank oder ans Treppengeländer zu führen. Die Hunde lernen, mit der Schnauze anzuzeigen, wo der Griff einer Haus- oder S-Bahn-Tür ist. Sie üben, Hindernisse in Menschenkopfhöhe zu umgehen, tief hängende Zweige oder aufgespannte Regenschirme. Sie trainieren, sich von anderen Hunden nicht ablenken zu lassen, solange sie das Geschirr tragen. Und sie werden geschult, bei Gefahr für ‚ihren' Menschen den Gehorsam zu verweigern, wenn zum Beispiel unversehens ein Auto um die Ecke biegt."[15]

Mindestens vier Wochen lang wird dann der Hund gemeinsam mit dem ihm anvertrauten Menschen vom Hundeausbilder betreut. Am Anfang steht ein erster kurzer Besuch zum Kennenlernen, dann folgt die erste Übernachtung beim neuen Herrchen. Spaziergänge beginnen in ruhigen Gegenden, dann kommen Ampeln hinzu und Treppen. Am Ende stehen die Eingewöhnung ins neue Wohnviertel sowie die emotionale Abnabelung vom Ausbilder.

Wurden früher Schäferhunde als „Prothesen“ für Kriegsblinde ausgebildet, sind heute die als besonders sanft und gutmütig geltenden Labrador Retriever und Golden Retriever als Helfer besonders beliebt – und haben einen erweiterten Einsatzbereich:

„Behinderten-Begleithunde“ tragen für Körperbehinderte Packtaschen, ziehen Rollstühle, holen Wäsche aus der Maschine, bedienen Schalter usw.

„Hörhunde“ alarmieren Taube, wenn der Wecker klingelt oder jemand an die Tür klopft.

„Epilepsie-Hunde“ spüren, wann bei ihrem Besitzer ein Anfall bevorsteht und warnen ihn rechtzeitig davor. Wie sie dies erkennen können, ist noch ungeklärt, aber es funktioniert.[16]

3. Wir beuten die Tiere hemmungslos aus und foltern sie rücksichtslos zu Tode

3.1 Krieg

Das Titelbild des GEO-Heftes, dem vorangehende Ausführungen entnommen sind, zeigt ein liegendes Kind mit geschlossenen Augen, das ein kleines, friedlich schlafendes Schweinchen an seinen Hals drückt. Ein Bild perfekter Harmonie und Geborgenheit, das die Titelgeschichte „Tiere als Therapeuten – Wie sie Menschen heilen helfen“ veranschaulicht.

Einer Ankündigung zur Sendung „ZDF-Reporter“ am 5. 12. 2001[17] ist folgende Information zu entnehmen: „Bis vor wenigen Jahren waren ganz kleine Ferkel eine Delikatesse für Gourmets. Milchferkel werden diese Tiere genannt, die direkt von der Mutter weggenommen werden und geschlachtet werden. Die Ernährung eines Milchferkels darf nur – daher der Name – Muttermilch sein – darauf legt der Feinschmecker Wert .... (...) Die sog. ‚Babyferkel’ wiegen 6, 8 oder 12 Kilo, sind 3 bis 6 Wochen alt. Ihre Lebensdauer richtet sich nicht selten nach der Größe der Party, auf der sie ... serviert werden. (...) Oft sind nur zwei oder drei Kilo Fleisch an den Tieren, wenn sie gegrillt zur Partylaune beitragen."

Unter der Überschrift „Quiekender Detektor"[18] erfahren wir Wissenswertes über tierliche Minensucher, sogenannte „Biodetektoren". Bewährt habe sich vor allem eine Kombination von Tier und Technik: „Feine Hundenasen spüren den Sprengstoff einer Mine auf, Detektoren das Metall." So wertvolle Arbeit diese und andere Tiere auch leisten mögen (Ratten erwiesen sich ebenso als effiziente „Biosensoren"), für sie selbst sind diese Einsätze meist eher kontraproduktiv: „Die Geschichte von Tieren als Minensucher ist lang, deren Karrieren in den meisten Fällen kurz."

Minensuche ist nur ein winziger Ausschnitt aus dem „Aufgabenbereich", den wir Menschen den Tieren im Zusammenhang mit kriegerischem Geschehen zugedacht haben. Und Hunde nehmen hier zwar eine „bevorzugte" Stellung ein (bereits die alten Griechen und die Assyrer führten Hunde in ihre Schlachten mit), sind aber bei weitem nicht die einzigen Tiere, die im Krieg mißbraucht wurden und werden. So setzten etwa die Deutschen im ersten Weltkrieg 300 000 Pferde zum Transportieren von Ausrüstung und Munition ein. Unter anderem mußten die Tiere sechsspännig bis zu 160 Zentner schwere Geschütze durch halb Europa karren.[19]

Die DDR setzte Hunde an der innerdeutschen Grenze ein, um Republikflüchtlinge zu „vernichten" (Militärhistoriker Georg Meyer). Das brachte unbezweifelbare Vorteile mit sich: Der Hund ist blind für die Motive seiner Opfer und beißt auch nicht aus Versehen daneben. Natürlich waren diese tierlichen „Grenzschützer" nach ihrem Einsatz im sogenannten „Todesstreifen" nicht mehr resozialisierbar.[20] Welches Schicksal ihnen bevorstand, kann man sich unschwer ausmalen.

Auch Delfine kamen zum Einsatz. So wurden etwa im Vietnamkrieg Große Tümmler (Typ „Flipper") zum Schutz von US-Kriegsschiffen mit Messern ausgerüstet, um feindlichen Tauchern die Sauerstoffschläuche zu durchschneiden. In Sewastopol, dem Haupthafen ihrer Schwarzmeerflotte, brachten die Sowjets Belugawalen, Seelöwen und Tümmlern bei, verlorengegangene Torpedos zu suchen und Minen aufzuspüren.[21]

Das Verratsmoment kommt im Krieg auf besonders scheußliche Weise zum Vorschein, da Tiere nicht nur als „Kampfgefährten“ eingesetzt, sondern auch als Testobjekte mißbraucht werden. Damit sind wir bei der sogenannten „wehrmedizinischen Forschung“, einem Tarnnamen für Tierversuche im Dienste des Krieges.

So wurden etwa mehreren Berichten zufolge von der Bundeswehr Hunde systematisch vergiftet und mit 5,56-mm-Kalibern beschossen.[22] Über ein anderes Beispiel für diese unglaublichen Verbrechen an Tieren berichtet die israelische Zeitung Ha´aretz am 17. 3. 2000: Ein Wohnwagen, in dem lebende Schweine festgebunden sind, wird mit Scud Raketen ähnlichen Sprengstoffen in die Luft gejagt. Ein Augenzeuge berichtet:

„Als wir den Wohnwagen öffneten, mussten wir uns abwenden. Die Schweine lagen da, schreiend und quiekend. Es war offensichtlich, dass die Detonation sie innerlich zerfetzt hatte und dass das Glas der zerborstenen Fenster ihnen von außen zahlreiche Schnittwunden zugefügt hatte. Die Wände waren voll mit dem Blut, Urin und Kot der gefesselten Schweine. Sie sahen uns mit weiten, flehenden Augen voller Grauen an.“[23]

3.2 Schlachthof

Tiere werden aber nicht nur in der Ausnahmesituation Krieg rücksichtslos ausgebeutet und zutodegeschunden, sondern auch unter „ganz normalen“ Bedingungen. Dies ist doppelt tragisch, weil es einerseits die Zahl der betroffenen Tiere in unendliche Höhen treibt und weil andererseits diese alltäglichen Praktiken den „Ausnahme“-Massakern an Schrecken in nichts nachstehen.

Christiane M. Haupt berichtet von ihrem Pflichtpraktikum, das sie als angehende Tierärztin im Schlachthof zu absolvieren hatte.[24] Zunächst über ihre Erlebnisse mit

Schweinen: „Von hinten stupst mich etwas in die Kniekehle, ich fahre herum und blicke in zwei wache blaue Augen. (...) Ich werde diese Augen sehr bald noch anders kennenlernen: Stumm schreiend vor Angst, von Schmerzen stumpf, und dann blicklos, gebrochen, aus den Höhlen gerissen, über den blutverschmierten Boden kollernd. (...) Als ich zum ersten Mal bewußt erfasse ... dass ausgeblutete, abgeflammte und zersägte Schweine noch zucken und mit dem Schwänzchen wackeln, bin ich nicht in der Lage, mich zu bewegen. ‚Sie – sie zucken noch ...', sage ich ... zu einem vorübergehenden Veterinär. Der grinst: ‚Verflixt, da hat einer `nen Fehler gemacht – das ist noch nicht richtig tot!' (...)

Von dem Schwein möchte ich erzählen, das nicht mehr laufen konnte, mit gegrätschten Hinterbeinen dasaß. Das sie solange traten und schlugen, bis sie es in die Tötungsbox hineingeprügelt hatten. Das ich mir hinterher ansah, als es zerteilt an mir vorüberpendelte: beidseitiger Muskelabriss an den Unterschenkeln. Schlachtnummer 530 an jenem Tag, nie vergesse ich diese Zahl. Ich möchte von den Rinderschlachttagen erzählen, von den sanften braunen Augen, die so voller Panik sind. Von den Fluchtversuchen, von all den Schlägen und Flüchen, bis das unselige Tier endlich im eisernen Pferch zum Bolzenschuss bereit steht, mit Panoramablick auf die Halle, wo die Artgenossen gehäutet und zerstückelt werden ....“

Daß Christiane M. Haupt keineswegs einen besonders schlechten Schlachthof zu einer besonders ungünstigen Zeit erwischt hatte, bewies im Jahre 2001 auf schauerliche Weise ein 12-minütiges Videoband über den ganz normalen Schlachthofalltag. Es entstand nicht mittels „versteckter Kamera“, sondern bei einem offiziell genehmigten Drehtermin in einem EU-zertifizierten Schlachthof in der oberösterreichisch-bayrischen Grenzregion.[25] Eine Schlüsselszene:

„Ein mächtiger Stier, mittels Eisenkette am Hinterbein hochgezogen, hängt kopfüber am Fließband – durch den Bolzenschuss scheinbar betäubt. Der Schlächter schneidet ihm mit einem großen Messer den Hals auf, ein Blutschwall bricht hervor. (...) Plötzlich geschieht etwas, was den Betrachter erschaudern läßt: Während der Schlächter, geschäftig vor sich hin pfeifend, die Brust aufschlitzt, öffnen und schließen sich langsam die Augen des Tieres. Und dann beginnt der Stier zu brüllen – auf dem Video deutlich hörbar: ein schauderhaftes, heiser-gurgelndes Muhen übertönt den Lärm des Schlachtvorgangs. Schließlich bäumt sich das blutüberströmte Tier am Haken sogar noch einige Male auf. Der Schlächter, der gerade die Vorderhufe abschneidet, muss in Deckung gehen. Der Todeskampf dauert lange Minuten."[26]

Diese schauerliche Szene gehört, wie gesagt, zum Schlachthofalltag (wobei es sich beim betreffenden Schlachthof angeblich sogar um einen „Vorzeigebetrieb" handelt, weshalb angenommen werden muß, daß es anderswo noch brutaler zugeht[27]): Von 30 Tieren, die hier innerhalb einer Stunde mittels Bolzenschuß betäubt wurden, erwachten 6 wieder.[28]

Eine Überarbeitung des Videos (das von mehreren deutschen TV-Magazinen gezeigt wurde[29]), bei der bisher nicht gezeigte Sequenzen hinzugefügt wurden, förderte weitere schaurige Details zutage: „In der neuen Fassung ist zu sehen, dass der Stier nicht nur brüllt, während er sich im Todeskampf minutenlang windet. Als der Schlächter sich und den Schlachtraum mit einem Wasserschlauch vom vielen Blut reinigt, versucht sich das geschundene Tier mit letzter Kraft und herausgestreckter Zunge zum Wasserstrahl hinüberzubeugen. Die Aufnahmen dokumentieren eindeutig: Diese Tiere sind bei vollem Bewusstsein. Sie nehmen ihre Umwelt noch wahr, während sie am Förderband aufgeschnitten und zu Fleisch verarbeitet werden."[30]

Aktueller Anlaß – neben dem Dauerskandal mangelnde Kontrolle und Betäuben im Akkord (!) – für die unzureichende Bolzenschußbetäubung sind BSE-bedingte Veränderungen in den Schlachtmethoden: Seit Jahresbeginn 2001 ist in der EU der Einsatz des sogenannten „Rückenmarkzerstörers" verboten, weil damit potentiell infiziertes Nervengewebe über den ganzen Tierkörper verteilt werden könnte. Dieser Stab wurde durch das Einschußloch ins Rückenmark eingeführt, wodurch der Hirntod irreversibel wurde und das Tier garantiert keinen Schmerz mehr spürte.

Mit dem Verzicht auf den Rückenmarkzerstörer seien, so Ingrid Schütt-Abraham vom deutschen Bundesinstitut für gesundheitlichen Verbraucherschutz und Veterinärmedizin, „unzureichende Ergebnisse programmiert“ gewesen. Andererseits habe dieser Verzicht, wie Veterinär Karl Wenzel vom Münchner Verbraucherministerium feststellt, ans Licht gebracht, daß Fehlbetäubungen vorkommen bzw. bei manchen Tieren die bisherige Bolzenschußbetäubung schlicht nicht ausreicht. Dazu Klaus Troeger von der deutschen Bundesanstalt für Fleischforschung in Kulmbach: Vor dem EU-Erlaß vom Jänner 2001, also vor dem Verbot des Rückenmarkzerstörers, wurden „Probleme durch nicht korrekt platzierte Bolzenschüsse verdeckt“.[31]

3.3 Verrat

Was Verratenwerden bedeutet, haben einige von uns schon an eigener Seele schmerzlich erfahren müssen. Mitunter dauert es Jahre, bis man sich vom lähmenden Entsetzen über unfaßbare Untreue wieder erholt. Nicht selten hält der Schock ein Leben lang an.

Doch welch Kleinigkeiten sind dies im Vergleich zum Verrat an Tieren! Auch zu ihnen, die jetzt im Schlachthof sind, waren Menschen vielleicht einmal gut. Biobauern etwa werden ja nicht müde zu beteuern, welch gutes Verhältnis sie zu ihren Tieren haben. Die Bilder von Bauern, die ihre Tiere „liebevoll“ streicheln, kennen wir auch alle. Und dann finden sich diese Tiere auf einmal in der Hölle wieder, umgeben von Menschen, die ihnen die ungeheuerlichsten und grauenhaftesten Dinge antun.

Die Tierarztpraktikantin Christiane M. Haupt, hat den Verrat an Tieren stellvertretend für die Fleischesser durchlebt – und ist daran zerbrochen: „Ich habe Zeugnis abgelegt, und jetzt will ich versuchen zu vergessen, um weiterleben zu können. Kämpfen mögen nun andere; mir haben sie in jenem Haus die Kraft dazu genommen ... und sie gegen Schuld und lähmende Traurigkeit ausgetauscht.“[32]

Daß die bisher beschriebenen Gräuel lediglich die Spitze des Eisbergs der weltweit täglich in Schlachthäusern „zivilisierter“ Länder verübten Verbrechen darstellen, zeigt Gail A. Eisnitz´ Buch „Slaughterhouse“, für das die Autorin Schlachthausarbeiter mit einer Erfahrung von insgesamt zwei Millionen Stunden an der Betäubungsbox befragt hat. Die folgenden Auszüge aus Interviews mit Schlachthausarbeitern wurden auf einer Buchpräsentation der Autorin am 18. September 1999 der Öffentlichkeit vorgestellt:[33]

„Ich habe lebendiges Rindfleisch gesehen. Ich habe sie muhen gehört, wenn die Leute das Messer anlegen und versuchen, die Haut abzunehmen. Ich denke, dass es grausam für das Tier ist, so langsam zu sterben, während jeder seine verschiedenen Jobs an ihm macht.“

„Die Mehrzahl von Kühen, die sie aufhängen ..., ist noch am Leben. Sie öffnen sie. Sie häuten sie. Sie sind immer noch am Leben. Ihre Füße sind abgeschnitten. Sie haben ihre Augen weit aufgerissen und sie weinen. Sie schreien, und du kannst sehen, wie ihnen die Augen fast rausspringen.“

„Ein Arbeiter hat mir erzählt, wie eine Kuh, die mit ihrem Bein in dem Boden eines Lasters steckengeblieben ist, zusammengebrochen ist. ‚Wie hast du sie lebendig rausgekriegt?’ habe ich den Typ gefragt: ‚Oh’, sagte er, ‚wir sind einfach unter den Laster gegangen und haben ihr Bein abgeschnitten.’ Wenn jemand dir das sagt, weißt du, es gibt viele Dinge, die dir niemand sagt.“

„Ein anderes Mal war ein lebendes Schwein, das hatte nichts Verkehrtes gemacht, rannte noch nicht mal rum. Ich nahm ein 1 Meter langes Stück Rohr und ich schlug das Schwein praktisch zu Tode.“

„Wenn du ein Schwein hast, das sich weigert, sich zu bewegen, nimmst du einen Fleischhaken und hakst ihn in seinen Anus. (...) Dann ziehst du ihn zurück. Du ziehst diese Schweine während sie leben und oft reißt der Haken aus dem Arschloch.“

„Einmal nahm ich mein Messer – es ist scharf genug – und ich schnitt das Ende von einem Schwein seiner Nase ab, so wie ein Stück Frühstücksfleisch. Das Schwein ist für ein paar Sekunden verrückt geworden. Dann saß es einfach da und sah einfach dumm aus. Also nahm ich eine Handvoll Salzlake und rieb es ihm in die Nase. Jetzt ist das Schwein wirklich ausgeflippt und schob seine Nase überall in der Gegend rum. Ich hatte immer noch etwas Salz übrig auf meiner Hand und steckte das Salz direkt rein in den Arsch des Schweins. Das arme Schwein wusste jetzt nicht mehr, ob es scheißen oder blind werden sollte."

„Nach einer Zeit wirst du abgestumpft. (...) Wenn du ein lebendiges Schwein hast ..., tötest du es nicht einfach. Du willst, dass es Schmerzen hat. Du gehst hart ran, zerstörst ihm die Luftröhre, machst, dass es in seinem eigenen Blut ertrinkt. (...) Ein lebendes Schwein guckte an mir hoch und ich nahm einfach mein Messer und – eerk – nahm ihm das Aug raus, während es einfach da saß. Und dieses Schwein schrie einfach nur."

Anmerkungen

[1] Zitiert nach: Godofredo Stutzin: Auf des Condors Flügeln. Santiago, Chile, 2000?, ISBN 956-7033-10-2, S. 99.

[2] Die Gans im Glück kennt den Kalender nicht, Salzburger Nachrichten, 6. 11. 1998, S. 8.

[3] Ein Delfin rettete 14-jährigen Italiener, Salzburger Nachrichten, 30. 8. 2000, S. 8.

[4] Speciesism and Equality, Philosophy, 53, 1978, S. 562.

[5] Diet for a New America. Walpole: Stillpoint Publishing, 1987, S. 20 ff.)

[6] The Nature of Altruism, Animals Agenda, April 1990, S. 27 ff.

[7] Wien, 1989, S. 2.

[8] Ebenda, S. 1.

[9] Tiere als Therapeuten, GEO, 3, 2001, S. 96.

[10] Ebenda, S. 98.

[11] Leo, Luchs und andere Rekruten, ZIVIL (Zeitschrift für Frieden und Gewaltfreiheit), 3, 2000, S. 21.

[12] Tiere als Therapeuten, GEO, 3, 2001, Seite nicht eruierbar. (Mir liegt der Artikel nur in einer kopierten Fassung vor, H. F. K.)

[13] Möbel im Drahtverhau, Der Spiegel, 32, 2000, S. 200.

[14] Peter Singer: Animal Liberation – Die Befreiung der Tiere. Reinbek: Rowohlt, 1996, S. 69.

[15] Tiere als Therapeuten, GEO, 3, 2001, Seite nicht eruierbar. (Mir liegt der Artikel nur in einer kopierten Fassung vor, H. F. K.)

[16] Ebenda.

[17] E-Mail-Information der „TR-Nachrichten-Austria", die sich ihrerseits auf eine Ankündigung des „Vereins gegen Tierfabriken" vom 4. 12. 2001 bezieht. (Rechtschreibung und Zeichensetzung des Originaltextes wurden korrigiert und vereinheitlicht, H. F. K.)

[18] Die Zeit, 36, 2001, S. 25.

[19] Leo, Luchs und andere Rekruten, ZIVIL (Zeitschrift für Frieden und Gewaltfreiheit), 3, 2000, S. 20.

[20] Ebenda.

[21] Ebenda, S. 21.

[22] Ebenda.

[23] Aus einer Information der „Menschen für Tierrechte – Tierversuchsgegner Baden-Württemberg e. V." vom 19. 9. 2000.

[24] Christiane M. Haupt: „Um eines kleinen Bissens Fleisches willen ...". Gekürzter Erlebnisbericht. Ungekürzt erschienen in: Vegi-Info, 1998, 2, S. I ff., der Schweizerischen Vereinigung für Vegetarismus (SVV). Als Sonderdruck erhältlich bei der SVV, Bahnhofstr. 52, CH-9315 Neukirch-Egnach. Für Bildmaterial siehe im Internet: www.vegetarismus.ch

[25] Todeskampf am Fließband, News, 19, 2001, S. 68.

[26] Ebenda.

[27] Weltweite Schlachthäuser-Kampagne, E-Mail von Dr. [Friedrich] Landa, Präsident des Dachverbandes der Oberösterreichischen Tierschutzorganisationen, vom 29. 5. 2001.

[28] „Der Verlierer ist die Kreatur", Der Spiegel, 42, 2001, 290.

[29] Ebenda.

[30] Schlacht-Video mit neuen Details, E-Mail von Dr. Friedrich Landa, Präsident des Dachverbandes der Oberösterreichischen Tierschutzorganisationen, vom 25. 6. 2001.

[31] „Der Verlierer ist die Kreatur", Der Spiegel, 42, 2001, S. 290, 292.

[32] Christiane M. Haupt: „Um eines kleinen Bissens Fleisches willen ...". Vergleiche Anmerkung 24.

[33] SCHLACHTEN: Und sie leben immer noch ..., E-Mail von Dr. Friedrich Landa, Präsident des Dachverbandes der Oberösterreichischen Tierschutzorganisationen, vom 6. 8. 2001.

(Rechtschreibung und Zeichensetzung des Originaltextes wurden korrigiert und vereinheitlicht, H. F. K.)

Guantanamo und Abu Ghraib sind überall

Was Realisten nie bezweifelten, ist nach den Folterskandalen in Guantanamo und Abu Ghraib Allgemeinwissen: Kriegsverbrechen sind nicht etwas, das irgendwann nach dem Vietnamkrieg aufhörte zu existieren, sondern im Krieg und beim Militär kommt es *laufend* zu Übergriffen, zu Gewaltexzessen, zu Dingen, „die eigentlich nicht passieren dürften".

In den „Salzburger Nachrichten" vom 24. Mai 2004 berichtet ein ehemaliger amerikanischer Unteroffizier über zahlreiche Grausamkeiten, die die US-Armee während des Irakkrieges an Zivilisten verübte. So habe seine Einheit einmal auf zehn Demonstranten gefeuert, nur weil in der Ferne ein Schuß zu hören war. Dabei seien neun Demonstranten umgekommen, dem zehnten wurde ein halber Fuß weggerissen. „Er humpelte weg und zog seinen Fuß hinter sich her. Wir haben alle gelacht und gejubelt."

Nach dem Skandal um die „Geiselbefreiungen" bei der deutschen Bundeswehr und beim österreichischen Bundesheer wird von Experten freimütig zugegeben, daß es solche Vorfälle zu allen Zeiten in allen Heeren gegeben hat.

Soweit so schlimm. Diese Thematik hat aber noch eine weitere unabweisbare Konsequenz: Das Wissen um solche Vorfälle erlaubt keinerlei Zweifel darüber, daß das, was mit Tieren in Schlachthöfen passiert, in seiner Grauenhaftigkeit überhaupt nicht vorstellbar ist. Denn zum gewalttätigen, verrohten und verrohenden Umfeld kommen hier noch weitere enthemmende Faktoren hinzu: Das Umbringen der Opfer ist kein Unfall oder Versehen, sondern von vornherein bezweckt. Und die Opfer werden nicht verbotenerweise ihrer Rechte beraubt, sondern von vornherein als rechtlos betrachtet und behandelt.

Machet euch die Erde untertan!

Die Vorstellung ist so ungeheuerlich, daß man mitunter Jahrzehnte braucht, um sie in ihrer ganzen Bedeutung und Tragweite zu erfassen: Alles auf der Welt ist für den Menschen da, unter den Millionen und Abermillionen von pflanzlichen und tierlichen Arten gibt es eine, eine einzige, für die alle anderen geschaffen worden sind. Ich spreche von der biblischen Position, die in terroristischen Aufrufen wie "Machet euch die Erde untertan!" zum Ausdruck kommt.

Daß es daneben in der Bibel auch andere und widersprechende Aussagen gibt, tut nichts zur Sache. Was wäre schließlich von einem Gesetz zu halten, das Mord verbietet, dann aber doch wieder zuläßt? Nichts natürlich, ein solches Machwerk wäre völlig unakzeptabel!

Zurück zur beschriebenen Position: Egal, was es ist, wo es ist und wie es ist: es wurde für uns geschaffen. So haarsträubend diese Haltung, so verheerend ihre Folgen: Ob im tiefsten Urwald, auf der entlegensten Insel oder am Grunde des Meeres – alles gehört uns und alles „nutzen“ wir, weil es schmeckt, Geld bringt oder „Spaß“ macht.

Daran ändert letztlich auch nichts, daß der „Auftrag“ „Machet euch die Erde untertan!“ heute in aller Regel nur mehr metaphorisch, symbolisch oder sonst irgendwie gemildert propagiert wird. Über Jahrzehnte wurde dieses Programm zur planetarischen Verwüstung mit aller buchstäblichen Brutalität gepredigt!

Und die Einsicht, daß diese Kriegserklärung an alle Pflanzen und Tiere vielleicht doch überzogen sei, beruhte auch nie auf Ethik, sondern immer auf Egoismus. Man erkannte: Wenn man aus der Natur wirklich „alles herausholen“ will, dann muß man es etwas schlauer anstellen. Wer möglichst lange ausbeuten will, muß seine momentane Gier zügeln. „Umweltschutz“ oder „vernünftiger Umweltschutz“, wie er zuweilen mit erstaunlicher Offenheit genannt wird, ist in Wirklichkeit nichts anderes als die modernere, intelligentere und effizientere Verfolgung des Planes „Machet euch die Erde untertan!"

Untrüglicher Beweis für die absolute Unmoral der ökologischen Bewegung ist ihre kategorische Weigerung, mit der Tierrechtsbewegung zusammenzuarbeiten: Diese schützt Tiere *um ihrer selbst willen*. Für Umweltschützer zählen hingegen nur *Tierarten,* also das Kollektiv, denen individuelle Tiere angehören. Schicksal und Leiden der einzelnen Tiere interessieren den Umweltschützer nicht. Konkretes Beispiel dieser perversen Logik: Auf Greenpeace-Schiffen, die sich der Rettung „gefährdeter" Fische verschrieben haben, werden ohne mit der Wimper zu zucken „nicht gefährdete" Fische verzehrt. Da haben wir ihn wie im Brennspiegel, den erbarmungslos-kaltblütig kalkulierenden Blick der modernen Vertreter des alten Programms: Die vom Aussterben Bedrohten schützen wir, die in genügender Zahl Vorhandenen fressen wir!

Das ist genauso obszön, wie wenn man Sklaverei und Folter nur dann verurteilen würde, wenn dadurch eine ganze „Rasse", „Volksgruppe" oder was immer für ein Kollektiv vom Aussterben bedroht würde. Gemäß dieser bizarren, lebens- und leidensverachtenden Logik wäre letztlich auch an den Judenvergasungen der Nationalsozialisten so lange nichts auszusetzen gewesen, als diese nur dafür gesorgt hätten, daß ein paar Juden übrigbleiben!

Und woher kommt dieser sagenhafte Zynismus der ökologischen Bewegung, wie ist er zu erklären? Ganz einfach: In *Wirklichkeit* geht es den Umweltschützern weder um individuelle Tiere noch um Tierarten noch um die übrige Umwelt, sondern ausschließlich um sich selbst. Pflanzen und Tiere werden nur geschützt, um selbst samt Kindern eine schöne, funktionierende und gesunde Umwelt zu haben.

Aber die Öko-Egoisten haben die Rechnung ohne die Realität gemacht. Zwar kann man Tiere ewig unterdrücken, ohne daß sie sich je gegen uns erheben könnten. Aber die Natur insgesamt kann man nicht ewig ungestraft ausbeuten – weder archaisch-primitiv noch ökologisch-intelligent. Das Programm „Machet euch die Erde untertan!“ führt auch in seiner modernisierten Fassung zum Untergang.

Terror in New York – und überall

Der Anschlag auf die beiden Türme des World Trade Center in New York war für die Betroffenen eine schreckliche Katastrophe. Tausende von Opfern in wenigen Minuten. Über Ursachen, Zusammenhänge und Hintergründe wollen wir an dieser Stelle nicht spekulieren. Worum es gehen soll, ist, daran zu erinnern, daß das, was uns hier als größter Terroranschlag der Geschichte wochenlang in Atem hielt, für die Tiere tägliche Realität ist:

Tiere werden absichtlich den Bedingungen eines Atomkrieges ausgesetzt, um festzustellen, wie lange sie überleben und wie sie sterben. Tiere werden gefesselt und mit Gewehren beschossen, um die Wirkung neuer Munitionen zu erkunden. Tiere werden bei der „Erschließung" der Natur, beim Abriß von Gebäuden, beim Bau von Straßen, bei Inbetriebnahme von Staudämmen und so weiter und so fort rücksichtslos verängstigt, vertrieben, verletzt und vernichtet. Vögelschwärme, die den Betrieb auf Flughäfen behindern, werden erbarmungslos niedergemetzelt. Überall und ununterbrochen sind Vergasungs- und Vergiftungskommandos unterwegs, um „Ungeziefer" und andere „Schädlinge" auf brutalste Weise zu „vertilgen". Ganz zu schweigen von den rund um die Uhr weltweit stattfindenden Routine-Massakern in Versuchslabors und Schlachthäusern.

Dieser tägliche Terror gegenüber Tieren übersteigt den tödlichen Schrecken von New York um ein Maß, das in Zahlen nicht ausdrückbar ist. Das muß man sich in Erinnerung rufen und vergegenwärtigen, um dafür zu sensibilisieren, wie berechtigt und unabdingbar die Forderungen der Tierrechtsbewegung sind – und wie obszön-„vernünftig" und zynisch-unzureichend alles ist, was von „besonnenen" und „realistischen" Zeitgenossen zur Verbesserung des Loses der Tiere vorgeschlagen wird.

Apropos obszön und zynisch: Im Zuge der Bergungs- und Aufräumungsarbeiten beim World Trade Center kam es auch zu einem "tragischen Mißverständnis": Ein

Polizist erschoß versehentlich einen Hund. Das „tragische Mißverständnis" bestand aber nicht darin, daß der Hund erschossen wurde, sondern darin, daß es der falsche war: Der Polizist hatte nicht, wie er glaubte, einen schädlichen „Streuner", sondern einen wertvollen Suchhund („highly trained" und „very expensive") getötet.

Wie sagte doch Präsident Bush in bezug auf ausländische Hilfe bei der Suche und Verfolgung der Attentäter: Wer nicht für uns ist, ist gegen uns. Diese ebenso unlogische wie unmoralische Aussage beschreibt auch unsere Einstellung gegenüber Tieren: Nur Tiere, die uns nutzen, dürfen, solange sie uns nutzen, leben. Alle anderen sind unsere Feinde und müssen vernichtet werden.

Im nachhinein müssen wir in gewisser Weise sogar dankbar sein, daß Bush Präsident geworden ist: Jetzt haben wir täglich die Gelegenheit, einen Blick in die psychologische Steinzeit zu werfen, einen Blick auf jene Denk- und Handlungsmuster, die es zu überwinden gilt, wenn wir dem Anspruch gerecht werden wollen, zivilisierte, vernünftige und moralische Menschen zu sein.

Ostersonntag der Tiere

Über allem verlogenen Gerede über die angebliche ökologische Notwendigkeit der Jagd (ginge es uns wirklich um die Umwelt, müßten wir ganz woanders ansetzen, z. B. beim Autoverkehr!) sollten wir eines nicht vergessen: Die Jagd bedeutet einen ununterbrochenen, unbeschreiblichen Terror gegenüber Tieren. Nach einem solchen feigen Anschlag auf Unschuldige und Wehrlose herrscht im Wald das blanke Entsetzen und die pure Panik: Kinder suchen verzweifelt ihre Eltern, Eltern suchen verzweifelt ihre Kinder und ein Ende des Massakers ist nicht abzusehen. Haben sich die Jäger erst einmal in ihren Blutrausch hineingesteigert, kennt das Morden keine Grenzen mehr.

Es ist schwierig, für diesen einzigartigen Terror gegen Tiere einen einigermaßen zutreffenden Vergleich zu finden. Ich versuche es dennoch: Ein friedlicher Ostersonntag, die Menschen gehen in die Natur hinaus, man unterhält sich, die Kinder spielen und alle freuen sich über das herrliche Wetter. Und urplötzlich springt ein Terrortrupp aus dem Hinterhalt und richtet ein grauenhaftes Blutbad an.

Dieser Vergleich hinkt freilich gewaltig: Für Menschen sind solche Überfälle die extreme Ausnahme, für Tiere sind sie die schreckliche Regel. Und bei Menschen kommt nach einem solchen Überfall die Rettung, um die Verletzten zu versorgen. Bei Tieren kehren die Mörder zurück, um die Überlebenden zu erschießen.

Enzyklopädische Esser

Oft hört man, vielen Menschen, die in Städten leben, sei gar nicht mehr bewußt, daß das Fleisch, das sie essen, von Tieren stammt – weil es eben so handlich portioniert, hygienisch verpackt usw. sei. Nun mag dies vereinzelt ja zutreffen, eine auch nur einigermaßen glaubwürdige allgemeine moralische Entschuldigung resultiert hieraus aber keineswegs. Zum Beispiel deshalb nicht, weil die beliebten und überall publizierten Koch- und Freßkolumnen einen Gutteil ihrer Beliebtheit gerade daraus beziehen, daß sie besonders exotische „Fleischlieferanten" beschreiben und empfehlen – von denen jedem klar ist, daß es sich um Tiere handelt und bei denen niemand eine wie auch immer geartete „Notwendigkeit", diese Tiere zu essen, auch nur behauptet. Ein Beispiel (aus Profil, 38, 2005):

„Zu den meistgestellten Fragen an einen Restaurantkritiker zählt neben jener nach der 'Tarnung' ... die folgende: 'Haben Sie wirklich schon dieses grausliche Zeug, Schlangen, Würmer, Raupen und so ... brrrr ... gegessen?' – Spannung kommt auf. Ich nicke schuldbewußt und antworte wahrheitsgemäß: 'So allerlei davon. Ich besitze nämlich einen enzyklopädischen Gaumen, der alles Essbare auf dieser Welt wenigstens einmal gekostet haben möchte.'"

Enzyklopädischer Gaumen – welch perverse Wortschöpfung! Die einen streben nach enzyklopädischem Wissen, die anderen nach enzyklopädischem Essen. Und unser Freß-Enzyklopädist hat den Ehrgeiz, alles Eßbare auf Erden wenigstens einmal gekostet zu haben. Prägnanter kann man die Primitivität und Moralvergessenheit des Fleischessers nicht auf den Punkt bringen: Der Wert der Welt wird auf ihre eßbaren Anteile reduziert.

So schockierend und abstoßend solche Aussagen auch klingen mögen – sie beschreiben tatsächlich das Lebensgefühl vieler Menschen. Man braucht nur in Restaurants Menschen beim Essen zu beobachten und beim Reden zu belauschen (was angesichts der Lautstärke meist der falsche Ausdruck ist), um oft zur unabweisbaren Erkenntnis zu gelangen: Dieser Mensch lebt nur, um zu essen.

„'Haben Sie auch schon dieses ... igittigitt ... lebendige Affenhirn aus der Schädeldecke gelöffelt?', lautet ... die nächste Frage. – Antwort: 'Ist mir schon angeboten worden, würde ich aber nie essen. Selbst Gourmets haben ihre Ehre, zumindest manche.'"

Nun, wie die Ehre eines enzyklopädischen Essers aussieht, wäre natürlich interessant – wird aber leider nicht verraten. Dafür bekommen wir aber einen Tipp, wo bestimmte Leichen oder Leichenteile am besten schmecken:

„Was Entenzungen betrifft, wäre ich im Augenblick überfragt. Aber wenn Sie ein schönes chinesisches Quallenhuhn, feine geschmorte Hühnerfüße, zarte Froschschenkel, köstliche Abaloneschnecken ... wollen, so rate ich Ihnen zu einem Besuch des 'Happy Buddha'."

Was kann man da noch sagen? Zweierlei – ich wiederhole mich – jedenfalls nicht: Erstens, daß hier irgendjemand bezweifeln könnte, daß es sich um Tiere handelt. Und zweitens, daß deren Verzehr auch nur im entferntesten dem individuellen oder kollektiven menschlichen Überleben dienen würde. Sehen wir also der unangenehmen, ja niederschmetternden Wahrheit ins Gesicht: Je länger die widerliche allgemeine Fleischfresserei anhält, obwohl es hierfür aufgrund des fortschreitenden globalen Zivilisationsprozesses immer weniger Notwendigkeiten und Ausreden gibt, desto deutlicher und drastischer zeigt sich die fundamentale menschliche Unmoral: Wer sich nicht wehren kann, wird ausgebeutet, umgebracht und aufgefressen.

Die schönen Seiten des Lebens

Über Feinschmecker und andere Tierfreunde

Als „Feinschmecker", sprich: Berufs(fr)esser ist Christoph Wagner natürlich von Haus aus Tierfreund. Aber man merkt es auch seiner einfühlsamen Sprache an. Im „Magazin für die schönen Seiten des Lebens" Gault Millau, 5, 1999, S. 28, schreibt er über Fasane:

„Was sich zwischen April und Juni paarte, hat mittlerweile äußerst wohlschmeckenden Nachwuchs. Große, bunte Hähne und etwas kleinere, überraschend farblose (aber im Fleisch viel zartere) Hennen, die alle erst wieder aufatmen können, wenn am 16. 1. erneut die Schonzeit beginnt. (...) In der Zwischenzeit steht das Fasanenvolk unter dem gnadenlosen Regiment der Köche."

Christoph Wagner ist, wie schon gesagt, „Feinschmecker". Man überlege einmal einen Moment, was das eigentlich bedeutet: Während andere sich, entsprechend ihrem Beruf, bemühen, irgendetwas Nützliches zu leisten oder vielleicht gar ein künstlerisches oder wissenschaftliches Werk zu schaffen, verbringt der „Feinschmecker" sein Leben mit der Suche nach Dingen, die ihm schmecken.

Aber zurück zu „Feinschmecker" Wagner. Richtig ins Herz geschlossen hat er auch Rehe (S. 82), insbesondere „Rehnüsschen" – was auch immer das sein mag: „'A point' hatte ich es bestellt, und genauso kam es auf den Teller. Es hatte einen kaminroten, saftigen Kern, aber man hatte ihm lange genug Zeit zum Rasten gegeben, sodass auch nicht das geringste Tröpfchen Blut aus den feinen Fasern trat." Freilich komme das „unvergleichliche Aroma", wie Wagner doziert, nicht von ungefähr. Entscheidend sei vielmehr, daß das Filet perfekt gebraten ist: „sicherlich nicht fast roh, aber noch viel weniger trocken und 'durch'." Und jetzt wird´s richtig kritisch und politisch:

„‘Essen Sie´s nur mit viel Freude‘, sagte der Koch, den ich ob seiner Leistungen mit überschwänglichem Lob bedachte. ‘Es wird ohnedies eines von den letzten sein, die Sie kriegen.‘ – Ich reagierte einigermaßen irritiert. – ‘Wenn Brüssel seine Hygienevorschriften radikal durchzieht ..., dann ist ein medium gebratenes Steak zur Zeit ein aussterbendes Gericht, von einem rosa gebratenen Lamm- oder Rehfilet gar nicht zu reden. (...) Ich komm aber gerne zu Ihnen nach Hause ... und mach Ihnen Ihr Steak so blutig wie Sie wollen.‘“

Na, da hat Feinfresser Wagner ja noch einmal Glück gehabt. Nicht auszudenken, wenn er auf seine blutigen Lieblingsgerichte verzichten müßte! Aber da plagt den Esser vom Dienst schon die nächste Sorge: Es sei wohl nur mehr eine Frage der Zeit, bis „auch die guten alten Austern, die man schließlich zumeist nicht nur roh, sondern auch noch lebend verzehrt, auf dem Index landen“.

Nun räumt Oberesser Wagner ein, daß gewisse Speisen zuweilen lästige Vergiftungen nach sich ziehen, die schon auch mal tödlich enden können. Aber damit, mahnt der Mann, der Messer und Gabel wie Orden in die Kamera hält, könne und müsse man leben: „Schließlich werden ja auch Autos, Snowboards, Segelflieger und Reitpferde nicht verboten, obwohl es immer wieder Menschen gibt, die damit verunglücken.“

Solche Aussagen ringen einem direkt einen gewissen Respekt ab: Der Mann ißt nicht nur gern und, wie sein Äußeres verrät, viel, sondern auch noch unter Einsatz seines Lebens!

So schlimm die Sache mit den Brüsseler Bürokraten auch sein mag – es gibt auch Lichtblicke. Etwa den Verein zur Erhaltung gefährdeter Haustierrassen (VEGH). Obmann Othard Hack erläutert die Aufgabe des VEGH am Beispiel Rind (S. 30): Früher habe es in Österreich mindestens 30 Rinderrassen gegeben. Heute aber mache das sogenannte "Fleckvieh", eine "Hochleistungs- und Doppelnutzungsrasse", etwa 80 Prozent der Bestände aus. Diese Entwicklung sei aus mehreren Gründen „tragisch“. Unter anderem, weil man dadurch der Möglichkeit verlustig gehe, „das einzigartige Geschmackserlebnis eines Sulmtaler Brathendls mit Semmelfülle, einer Salami vom Mangaliza-Wollschwein oder eines Tafelspitzes vom Kärntner Blondvieh zu verkosten."

Unter der bemerkenswerten Überschrift „Überlebenschancen schaffen" werden die Erfolge des VEGH dargestellt: Sämtliche 20 gefährdete Haustierrassen, die der Verein „betreut", konnten vom Aussterben bewahrt werden. „Betreuung" heißt hier: Ausbeuten und Umbringen mit Konzept.

Denn mit Folklore hat der VEGH nichts am Hut. Das Überleben der Tiere in Streichelzoos oder Brauchtumsmuseen ist nicht sein Ziel: „Eine Haustierrasse hat keine Überlebenschance, wenn mit ihr nicht gearbeitet wird, wenn sie in der Nutztierhaltung nicht Fuß fassen kann." Also aufgepaßt, liebe gefährdete Tiere: Wenn es euch nicht gelingt, in einem System „Fuß zu fassen", das euch umbringt, habt ihr keine Überlebenschance!

(Freß-)Szenenwechsel: Hanoi. Nicole Schmidt berichtet (S. 45 f.) über die schönen Seiten Vietnams:

„Das Leben spielt sich vorwiegend auf der Straße ab. Kleine Obststände, ... improvisierte Garküchen ..., ein Korb mit quakenden Fröschen .... Ein besonderes Erlebnis ist ein Besuch des Hom-Marktes, auf dem morgens quirlige Betriebsamkeit herrscht. (...) In einem Käfig flattern Hühner, daneben eine gespannte Leine, auf der frisch geschlachtete Enten zum Ausbluten aufgehängt sind. Ein paar Meter weiter brutzeln ihre Artgenossen der Endbestimmung als knusprige Ente entgegen. Am Stand daneben locken gegrillte Spanferkel. Es sind bei genauerer Betrachtung allerdings keine Ferkel, sondern Hunde. Als Hundefreundin aus tiefstem Herzen schäme ich mich abgrundtief, weil die Dinger trotzdem sehr lecker aussehen. (...) Als Nichtfreundin von Python & Co koste ich dafür die verschiedensten Schlangengerichte."

Irgendwie logisch: Wer nicht mein Freund ist, den bringe ich um und esse ich auf. Besonderen Eindruck auf unsere sensible Reporterin Schmidt macht offenkundig Restaurantbesitzer M. Quoc Trieu: Nachdem er ihr stolz seine Schlangenbisse gezeigt hat, fischt er eine Kobra aus dem Käfig, um „sie blitzschnell der Länge nach“ aufzuschlitzen und zu häuten. Donnerwetter, da gibt´s noch echte Naturburschen, bei den Vietnamesen!

Und bereits wenige Minuten nach dem obercoolen Aufschlitzen steht das komplette Schlangenmenü fix und fertig auf dem Tisch: knusprige Schlangenhaut, würziges Schlangenskeletthaschee, usw. – einfach unwiderstehlich: „Ein Gericht schmeckt köstlicher als das andere. Nur den Aperitif, Schnaps mit frischem Schlangenblut ..., verschmähe ich.“ Wenn das Blutfreak Wagner wüßte!

PS.: Für alle, die sich bei Wagner, Schmidt und Co für die anschaulichen Berichte über die schönen Seiten des Lebens bedanken möchten, hier die Redaktionsadresse des Magazins Gault Millau: Alfred Feierfeil Straße 3, A-2380 Perchtoldsdorf. Über einen persönlichen Besuch würden sich die feinsinnigen Freunde gehobener Lebensart freilich gewiß noch mehr freuen!

Ist „Bio“ besser?

Zur ethischen Bewertung „biologischer“ Tierzucht

Was ist eigentlich moralisch abstoßender: Wenn jemand mehr oder weniger gedankenlos im Supermarkt hübsch verpackte Leichenteile kauft oder wenn jemand ausdrücklich auf „Bio“-Fleisch besteht und dafür eine fast religiöse Begeisterung entwickelt („biologisch“, „natürlich“, „gesund“ usw.)? Zur letzteren Gruppe gehören bekanntlich insbesondere „fortschrittliche“, „alternative“ und „kritische“ Menschen.

Unter der Überschrift „Vom Schweineglück zu Tafelfreuden“ (Salzburger Nachrichten vom 22. 7. 2000) erfahren wir Näheres über die Motive dieser meist „sehr bewußt lebenden“ Fleischfreunde: „Den größten Einfluss auf die Kochkunst kann ich über das perfekte Produkt nehmen.“ Denn: „Ein Schwein schmeckt nun mal so, wie es gelebt hat.“ Und so kann es durchaus sein, daß man beim Genuß einer solcherart entstandenen Delikatesse gleich „eine zusätzliche Portion Lebenslust zu sich“ nimmt!

Die eminente Bedeutung des „Produkts“, sprich: des ermordeten Opfers, bestätigt auch Karl H. Wolf, Chef des „Gourmettempels Tanglberg“ („Das allerfeinste Fleisch“, Format, 17, 2000): „Ob Lamm, Kalb, Kitz, Ferkel – wenn die Tiere wirklich nur reine Muttermilch bekommen, werden sie zu einer großen Delikatesse.“

Zurück zu den lebenslustigen Schweinen. Der „Kochkünstler“, dem die wundersame Verwandlung von Schweineglück in Tafelfreuden gelingt, heißt Carlo Wolf. Obwohl „philosophierender Schöngeist“, bleibt er dennoch Realist: „Sein Motiv, ein Tierparadies zu schaffen, (entspringt) nicht etwa dem mitleidigen Herzen, sondern der unwiderstehlichen Leidenschaft, fantastisch zu kochen, zu essen und zu bewirten.“

Soweit also ein paar Informationen über die elitäre Gruppe „biologisch" („bios" = „Leben"!) orientierter Mörder. Mir persönlich waren diese selbsternannten „Schöngeister" und „Naturfreunde" immer weitaus unsympathischer als die 08/15-Fleischesser.

Allerdings scheint diese Bewertung, wenigstens auf den ersten Blick, nicht ganz unproblematisch zu sein. Denn im Hinblick auf die Auswirkung ihres Verhaltens auf die Tiere müßten einem eigentlich die „normalen" Fleischesser unsympathischer sein, weil sie den Tieren zweifellos viel mehr Leiden zufügen: Ein Tier, das sein ganzes Leben in der Intensivhaltung verbringt, hat ein ungleich schrecklicheres Schicksal als eines, das „biologisch" aufgezogen wird.

Hier gilt es, zwei Dinge zu unterscheiden: das Motiv für eine Handlung und die Konsequenzen einer Handlung. Schlechte Motive haben nicht unbedingt schlechte Konsequenzen, und gute Motive haben nicht unbedingt gute Konsequenzen. So mag etwa jemand einem anderen Menschen großen Schaden zufügen wollen, ihn dabei aber in eine Krise stürzen, aus der dieser letztlich viel stärker und glücklicher hervorgeht, als er dies ansonsten je geworden wäre. Und andererseits mag jemand seine Kinder nach bestem Wissen und Gewissen aufziehen, dabei aber Erziehungskonzepte anwenden, die de facto verheerende Folgen haben.

Deshalb ist es auch keineswegs automatisch ein Widerspruch, jemanden für eine – gemessen an den Konsequenzen – bessere Handlung (Verzehr „biologischen" Fleisches) moralisch mehr zu verurteilen als einen anderen für eine – gemessen an den Konsequenzen – schlechtere Handlung (Verzehr „normalen" Fleisches). Und ebensowenig ist es ein Widerspruch, Praktiken mit weniger negativen Konsequenzen („biologische" Tierzucht) als das momentan geringere Übel zu befürworten, *weil sie das geringere Übel sind,* und gleichzeitig diejenigen moralisch zu verurteilen, die eben diese Praktiken *aus ganz anderen, egoistischen Motiven* befürworten.

Natürlich sind, solange Menschen Fleisch essen, „Bio"-Betriebe den Massentierhaltungen im Interesse der Tiere vorzuziehen. Das ändert aber nichts daran, daß auch diese Betriebe verboten werden müssen und daß das Motiv derer, die „Biofleisch" wollen, übelster Natur ist: kurzer Gaumenkitzel auf Kosten des Lebens Unschuldiger!

Exakt dieser, an menschlicher Widerwärtigkeit und moralischer Abgründigkeit kaum mehr zu überbietende Zynismus – Gaumenkitzel gegen Leben – ist es, den die „Bio"-Befürworter nicht nur billigend in Kauf nehmen, sondern geradezu zynisch zelebrieren. Im Vergleich dazu sind die „normalen" Fleischesser, die auf intellektueller Sparflamme geistig vor sich hinvegetieren, moralisch sympathische Hohlköpfe.

Das wirklich Gefährliche an den „Bio"-Freunden ist aber dies: Sie sind es, die gesellschaftliche Tendenzen zur Akzeptierung von Tierrechten im Keim zu ersticken versuchen. Sie sind es, die heuchlerische Scheinargumente („Recht des Stärkeren") und pseudowissenschaftliche Wortschöpfungen („Kreislaufdenken") in die Diskussion werfen, die dann von der überwiegenden Mehrheit dumpfer Fleischesser dankbar aufgeschnappt werden. Aus den Reihen dieser perversen „Bio"-Zyniker stammen jene militanten Speziesisten, die die ethische Steinzeit wiedererrichten und die anachronistische Tierausbeutung für alle Zukunft zementieren wollen.

Vogelgrippe, Fleischessen und Tierrechte

Daß es zwischen Vogelgrippe und Fleischessen einen wichtigen Zusammenhang gibt, liegt auf der Hand: Würden die Tiere nicht gegessen, wären sie gar nicht auf der Welt. Mir geht es hier aber um einen anderen Zusammenhang: Mich erstaunt immer wieder die unglaubliche Gleichgültigkeit und Selbstverständlichkeit, mit der in den Medien über die brutale Behandlung der (vielleicht) infizierten Vögel berichtet wird. Und zwar ausnahmslos, ich habe noch *nie* eine Meldung gehört oder gelesen, in der das Leiden dieser Tiere auch nur *erwähnt* worden wäre.

Da werden Millionen von leidensfähigen Wesen auf unvorstellbar grauenhafte Weise erschlagen, erstickt und vergast, und darüber wird berichtet, als ginge es um das Anstreichen von Häusern oder um das Betonieren von Straßen!

Woher kommt diese zynische Sachlichkeit? Wie ist diese barbarische „Objektivität" möglich? Darauf gibt es eine einzige Antwort: Weil die Tiere sowieso nur zum Umbringen gezüchtet werden! Folgerichtig bedeutet die bloße Vorverlegung des Umbringens für die Tiere keine dramatische Veränderung. Und folgerichtig gilt das Bedauern allein den Menschen, die durch das vorgezogene Umbringen wirtschaftlichen Schaden erleiden.

So weit so furchtbar. Aber was zeigt dies darüber hinaus? Die Definition von Tieren als Wesen, die zum Aufgegessenwerden da sind, bringt diesen Wesen nicht nur den Tod, sondern erzeugt auch eine Gleichgültigkeit gegenüber ihrem Leben. Und diese Haltung betrifft grundsätzlich *alle* „Nutztiere" – sowie tendenziell überhaupt alle Tiere:

Wenn es völlig „normal", selbstverständlich und unbedenklich ist, bestimmte Tiere, leidensfähige Wesen, umzubringen und aufzuessen, dann können alle Tiere für vergleichbar triviale Zwecke mißbraucht werden: zum Begaffen in Zoos, zum Tragen ihres Pelzes, zum „Spaß“ beim Jagen usw. Solange wir irgendwelche Tiere essen, werden wir alle Tiere ausbeuten.

Krieg und Frieden

Es gibt Dinge, die so einleuchtend sind, daß es schwer verständlich ist, daß sie *nicht* begriffen werden. Daß etwa der eigentliche Sinn und das große Verdienst der Europäischen Union der *Frieden* in Europa (und anderswo) ist, geht in den Dauerdiskussionen um diverse Details in beschämender und erschreckender Weise unter. Wo über Jahrhunderte gekämpft und gestorben wurde, wird heute geredet und gehandelt – ein geradezu unfaßbarer Fortschritt!

Eine andere, nicht minder bedenkliche und erstaunliche Erkenntnisschwäche bezieht sich auf das Thema Vegetarismus. Nur wenige begreifen, worum es vorrangig geht: Eine vegetarische Ernährung ist deshalb eine unverzichtbare moralische Forderung, weil Tiere essen einen ununterbrochenen *Krieg* gegen Tiere bedeutet. Wer Fleisch ißt, nimmt Teil an einem tagtäglichen grauenhaften, ungerechten und überflüssigen Krieg gegen Unschuldige und Wehrlose.

Weihnachten: Fest der Verlogenheit

Heiliger Abend: Friede, Freude, Festlichkeit – und: Verlogenheit. Unerträgliche, unübertroffene, grauenvolle Verlogenheit. Man feiert, man singt, man ist zu Tränen gerührt, bei einem Fest, das vor allem eines ist: ein unermeßliches Massaker für alle, die keine Menschen sind.

Seit Wochen liefen die Förderbänder der Tier-KZs auf Hochtouren. Und es hat sich gelohnt: Für die besinnlichste Feier des Jahres stehen rechtzeitig alle Leichen zur Schändung bereit.

Anstatt uns damit abzufinden, daß Weihnachten das Fest der Lüge und Verlogenheit ist, sollten wir Weihnachten zum Fest der Wahrheit machen. Und nichts ist einfacher als das, weil sich die Wahrheit buchstäblich vor unserer Nase befindet – auf dem Teller: „Für einen Bissen Fleisch nehmen wir einem Tier die Sonne und das Licht und das bißchen Leben und Zeit, an dem sich zu erfreuen seine Bestimmung gewesen wäre." (Plutarch)

Fataler Fehler

Vor der Tierrechtsbewegung waren sie an der Tagesordnung: Darstellungen über die historischen, kulturellen und psychologischen Hintergründe unseres Umgangs mit Tieren. Da wurden etwa alte Opferriten akribisch erforscht und detailgenau beschrieben, religiöse und regionale Besonderheiten erläutert usw. Auch heute nehmen solche Darstellungen diverser „Bräuche" noch breiten Raum ein. Etwa, wenn uns die „Feinheiten" und „Geheimnisse" des Stierkampfs nähergebracht werden sollen.

An all diesen Informationen wäre prinzipiell auch gar nichts auszusetzen – wären sie nicht mit einem schrecklichen Fehler behaftet: Sie werden als *Rechtfertigung* für *heutigen* Tiermißbrauch verwendet. Exakt dies können sie aber nie und nimmer sein: Sowenig Informationen über historische Wurzeln und psychologische Funktionen von Kannibalismus oder Hexenverbrennungen die heutige „Pflege" dieser „Traditionen" je rechtfertigen könnten, sowenig können Informationen über Wurzeln und Funktionen von Tiermißbräuchen heutigen Tiermißbrauch rechtfertigen. Was solche Darstellungen tatsächlich zeigen, ist, auf welch archaischem Niveau sich unser Umgang mit Tieren nach wie vor befindet!

Hölle auf Erden

Aus den Salzburger Nachrichten vom 24. November 1994: „Der Pinzgauer Herbststiermarkt hat in Maishofen eine jahrzehntelange Tradition. Auch heuer kamen Hunderte Besucher aus dem In- und Ausland zum Großereignis der Rinderzüchter. Von 60 angebotenen Stieren wurden 58 zu einem Durchschnittspreis von 30.000 S je Tier verkauft. Spitzenreiter war aber ‘Winston‘. Der 15 Monate alte Stier des Züchters Franz Gumpold aus Saalfelden wurde vom Rinderzuchtverein Rauris um 84.000 S erworben. Im Bild präsentiert Züchter Gumpold ‘Winston‘ in der Arena der Versteigerungshalle Maishofen."

Die Parallelen zwischen einstigen Sklavenmärkten und heutigen Tierauktionen sind so augenfällig, daß es eigentlich unbegreiflich ist, wie sie von jemandem *nicht* gesehen werden können. Für die Tiere, die heute unsere Sklaven sind, ist das Leben ein einziger, ununterbrochener und unentrinnbarer Alptraum. Alles, was uns in den schlimmsten Phantasien quälen mag, ist für die versklavten Tiere furchtbare Realität. Tägliche, nächtliche, lebenslängliche Realität. Allein der Tod, der das Grauen des Lebens meist noch übertrifft, beendet die Hölle, die wir den Tieren auf Erden bereiten. Alle Gemeinheit, Niedertracht und Bosheit, zu der Menschen fähig sind, müssen die Tiere schuldlos und wehrlos über sich ergehen lassen. Wir sind die einzigen wirklichen Teufel, im Vergleich zu denen alle anderen Teufel harmlose Stümper und sympathische Dilettanten sind.

Wo es um Tiere geht, wird jeder zum Nazi

„Wo es um Tiere geht, wird jeder zum Nazi ... Für die Tiere ist jeden Tag Treblinka." Dieser Satz von Isaac Bashevis Singer ist meines Erachtens die prägnanteste, eindringlichste und anschaulichste Beschreibung unserer Haltung gegenüber Tieren.

Dank ihrer Kürze sollte diese Formulierung auch nicht zu jenen Irritationen führen, die ausführlichere Darstellungen des Holocaust-Vergleichs auslösen, indem sich die Menschen an historischen Details festbeißen und dabei die wesentlichen *Gemeinsamkeiten* zwischen Menschen- und Tier-KZs aus den Augen verlieren:

„Die Opfer heute sind andere als damals, aber das System von Einpferchen, Missbrauch, Vorurteil und Abschlachten ist dasselbe. Alljährlich werden alleine in Europa zehn Milliarden Tiere in Konzentrationslagern, die wir 'Massentierhaltung' nennen, gepfercht. Nach vielen Jahren kontinuierlichen Leidens werden sie zusammengetrieben und mit LKWs bei jedem Wetter Hunderte von Kilometern gekarrt, bevor man sie durch die Tore zur Schlachtebene treibt und tötet. All dies geschieht, während der Durchschnittsbürger sein normales Leben lebt und seine Augen vor dem Leiden verschließt." (Matthew A. Prescott)

Man mache doch einfach die Probe aufs Exempel und wende das Eingangszitat auf beliebige Praktiken der Tierausbeutung an: Es trifft immer zu und bringt das Verbrechen der Menschen und das Martyrium der Tiere auf den Punkt.

Holocaust

Von Überlebenden des Holocaust wird berichtet, daß sie Schuldgefühle gegenüber jenen haben, die nicht das Glück hatten zu überleben. Gleichzeitig empfinden sie eine starke Verpflichtung, die Nachwelt über das Furchtbare, das geschehen ist, aufzuklären, um so die Erinnerung an die Opfer zu bewahren und um dazu beizutragen, daß sich dieses Verbrechen nicht wiederholt.

Ich kann diese Schuld- und Pflichtgefühle sehr gut nachvollziehen, sowohl psychologisch als auch moralisch. Aber haben wir es hier nicht mit einem viel allgemeineren und vor allem viel gegenwärtigeren Phänomen zu tun? Haben nicht viele, wenn nicht alle von uns irgendwie großes Glück gehabt? Hat nicht jeder, der halbwegs gesund ist und in einem der reichen Länder der Erde lebt, enormes Glück gehabt verglichen mit jenen Menschen, die in Hunger-, Kriegs- und Seuchengebiete hineingeboren wurden? Und ist es nicht geradezu der Inbegriff moralischer Pflicht, diesen Menschen, die nicht unser unverschämtes Glück hatten, zu helfen?

Aber hier endet die Parallele zwischen uns und den Überlebenden des Holocaust nicht: Hat nicht jeder, der als *Mensch* und nicht als *Tier* auf die Welt gekommen ist, immenses Glück gehabt! Oder möchten Sie in einem der modernen Vernichtungslager geboren worden sein, um als Versuchstier, Pelzmantel oder Schnitzel zu enden? Ohne auch nur ein einziges Mal im Leben glücklich zu sein. Ohne je etwas anderes zu erleben als Gleichgültigkeit, Gemeinheit und Gewalt. Ohne die geringste Chance, der bevorstehenden Folter und der festgesetzten Hinrichtung zu entkommen. Ohne jegliche Schuld dem puren Grauen und blanken Entsetzen ausgeliefert sein.

Jeder Mensch hat die Pflicht, Tieren zu helfen, die ihrem Schicksal machtlos ausgeliefert sind.

KZ in Salzburg

Auf dem Salzburger Mönchsberg gibt es eine Wiese, die ich sehr liebe. Sie besteht aus einem Hang und einer Mulde und wird allseits von Bäumen umgrenzt. Diese verdecken die Sicht auf die dahinterliegenden Häuser, Straßen und Siedlungen, so daß man beim Blick auf den einige Kilometer entfernten Untersberg das Gefühl hat, sich fernab jeglicher Zivilisation zu befinden. Auf dieser Wiese grasen im Sommer Rinder und ihre Kinder.

Schwarze Rinder. Deshalb stechen die gelben Marken, die man ihnen in die Ohren gestanzt hat, auch besonders ins Auge. Anhand dieser Marken wird man die zerhackten Leichen dieser friedlichen Wesen auch nach ihrer Ermordung einwandfrei identifizieren können.

KZ auf dem Mönchsberg. KZ in Salzburg. KZ mitten in der Kulturmetropole. KZ ohne Hoffnung auf Befreiung. KZ, von dem niemand etwas wissen will. Und: KZ, das alle als KZ erkennen: Die leuchtenden Marken in den Ohren der Opfer werden vom KZ-Betreiber massiv als Qualitätsgarant beworben.

KZ in Bayern

In einem Spiegel-Interview wird Marceline Loridan-Ivens in bezug auf ihren KZ-Film „Birkenau und Rosenfeld“ gefragt, warum sie Birkenau denn bei Sonnenschein und in sattem Grün zeige. Ihre Antwort: „Die Natur dort ist einzigartig. Gleichzeitig ist es ein Ort des Schreckens, und genau darum geht es.“

Dies entspricht exakt dem schauerlichen Entsetzen, das mich überfällt, wenn ich mit dem Zug durch Bayern fahre: Eine wundervolle, traumhaft-schöne Landschaft – aber ich weiß, was dahintersteckt: ein riesiges KZ. Hinter den Mauern der Bauernhöfe befinden sich die bedauernswerten Opfer: angekettet und zu lebenslanger Haft und grauenhaftem Sterben verurteilt. Bewacht werden die Unschuldigen von dumpfen, derben, seelenlosen Bauern, die jeden Sonntag heuchlerisch in die Kirche kriechen.

Diese Todeslandschaften sind eine großartige Veranschaulichung unserer gräßlichen Tierausbeutung. Sie stehen für perfiden, perfekten, verstecken Massenmord.

Schweigen ist ein Verbrechen

Zum Tode von Simon Wiesenthal

„Dass ich am Leben geblieben war, während so viele ... gestorben waren, erschien mir in manchen Augenblicken beinahe als ein Verstoß gegen die Gerechtigkeit: Ich konnte das Gleichgewicht nur wiederherstellen, indem ich den Toten Gerechtigkeit zuteil werden ließ."

Als ich dieses Zitat von Simon Wiesenthal las, mußte ich an Zeilen denken, die ich selber vor längerem zu Papier gebracht hatte (in „Glück gehabt!") und in denen es ebenfalls um die Verpflichtung gegenüber anderen geht, die aus einem eigenen guten Schicksal resultiert:

„Wer nicht als Tier auf die Welt gekommen ist, hat großes Glück gehabt. Und wer Glück hatte, sollte nicht undankbar sein. Glück verpflichtet. Es verpflichtet, denen zu helfen, die kein Glück hatten."

Überhaupt hat mich vieles, was ich anläßlich des Todes von Simon Wiesenthal las, sehr interessiert und berührt – was nicht weiter verwunderlich ist, geht es doch bei seiner wie bei meiner Arbeit in gewisser Weise um die gleiche Sache: um den Holocaust. Zum einen um den vergangenen Holocaust gegenüber Menschen, zum anderen um den gegenwärtigen Holocaust gegenüber Tieren.

Und in beiden Fällen geht es auch darum, den Menschen bewußt zu machen, was der Holocaust war bzw. ist, sowie darum, den Opfern Gerechtigkeit und Hilfe zuteil werden zu lassen. „Schweigen ist nicht nur Feigheit, Schweigen ist ein Verbrechen", ist eine Aussage Wiesenthals, der man auch als Tierrechtler uneingeschränkt zustimmen muß.

Wiesenthal wurde zu Recht vor allem auch als Kämpfer gegen das Vergessen gewürdigt. Dazu sagte er selber einmal, als er von einem ehemaligen Mithäftling gefragt wurde, warum er nicht wieder seine Arbeit als Architekt aufgenommen habe, die ihn doch bestimmt reich gemacht hätte:

„Wenn wir einst in eine andere Welt kommen, werden uns die Millionen, die in den Lagern ermordet wurden, fragen: 'Was habt ihr in eurem Leben gemacht?' Auf diese Frage wird es viele Antworten geben. Du wirst sagen: 'Ich wurde Juwelier.' Ein anderer wird sagen: 'Ich habe mir ein schönes Haus eingerichtet.' Ich werde sagen: 'Ich habe euch nicht vergessen.'"

Freilich gibt es auch frustrierende Unterschiede zwischen dem Nazi-Holocaust und dem heutigen Holocaust an Tieren. In einem TV-Bericht wurde gezeigt, wie Wiesenthal schockierten Jugendlichen die grauenvollen Bilddokumente an der Wand erläuterte. Ich dachte mir: So muß es auch einmal in bezug auf den heutigen Holocaust gegenüber Tieren sein! Auch diese Verbrechen müssen bei schockierten Jugendlichen dereinst fassungsloses Entsetzen auslösen!

Und ich überlegte, welche Bilder wohl einmal an den Wänden eines Dokumentationszentrums für den Tier-Holocaust hängen würden. Da wurde mir schlagartig das ganze Ausmaß der momentanen moralischen Verkommenheit der Menschheit bewußt: Um den gegenwärtigen Tier-Holocaust dereinst zu dokumentieren, genügte es vollkommen, die heutigen Anzeigen und Werbebroschüren der Fleischindustrie auszustellen!

Hier wird nämlich auf eine Weise, die an Deutlichkeit nichts zu wünschen übrig läßt, der Weg von „glücklichen" Lebewesen zu handlichen Leichenteilen dokumentiert. Der heutige Tier-Holocaust findet im Unterschied zum seinerzeitigen Menschen-Holocaust in aller Öffentlichkeit statt, ja er wird sogar überall inseriert und plakatiert. Deshalb wird sich auch keiner der heute Lebenden einmal damit herausreden können, von nichts gewußt zu haben.

Ungeheuerlich und einzigartig

Das Ungeheuerliche und Einzigartige an unserem heutigen Umgang mit Tieren ist weder die unglaubliche Zahl von Tieren, die wir laufend foltern und ermorden, noch die Grausamkeit, mit der wir dabei vorgehen, noch der Sadismus, der dabei oft im Spiel ist, noch die Gleichgültigkeit, mit der wir oft verfahren. Seit jeher werden schrecklich viele Menschen und Tiere grausam, sadistisch oder gleichgültig gequält und getötet.

Das Ungeheuerliche und Einzigartige an unserem heutigen Umgang mit Tieren ist, daß all diese Verbrechen mitten in unserer Zivilisation passieren und vollkommen legal passieren. Solange sich an diesem Skandal nichts ändert, solange wir empfindende Wesen wie leblose Sachen behandeln, solange wir dieses immense Leiden erzeugen – so lange haben wir auch nicht das geringste Recht, uns über irgendwelche Krankheiten oder Katastrophen, die uns treffen, zu beklagen. Und wir haben vor allem nicht das Recht, uns auf irgendwelche moralische, humane oder humanistische Grundsätze zu berufen. Solange sich an diesem abgrundtief grauenhaften Umgang mit Tieren nichts ändert, ist alles Gerede von Moral und Menschlichkeit obszöne Dummheit und zum Erbrechen Anlaß gebende Verlogenheit.

Entscheidung

Jeder von uns hat Erfahrungen oder zumindest Vorstellungen in bezug auf bestimmte unangenehme Lebenssituationen. Zum Beispiel:

Gefangenschaft: Wir können uns ganz gut vorstellen, wie es ist, für, sagen wir, einen Monat oder auch ein Jahr eingesperrt zu sein – ohne Möglichkeit, unser Gefängnis zu verlassen, vielleicht sogar mit Blick auf die unerreichbare Freiheit draußen.

Einsamkeit: Wir alle wissen, was es heißt, für einige Zeit von unseren Lieben getrennt zu sein: von unserem Partner, von unseren Kindern oder, am schmerzlichsten wohl: als Kinder von unseren Eltern.

Frustration: Wir kennen das höchst unangenehme Gefühl, das sich einstellt, wenn starke Bedürfnisse über längere Zeit unbefriedigt bleiben. Etwa der Wunsch nach Zärtlichkeit oder Liebe. Und wir können uns wenigstens vorstellen, wie schlimm das Gegenteil ist: vergewaltigt zu werden. Die Qualen, die länger andauernder Hunger oder Durst bedeuten, kennen wir vielleicht nicht unbedingt aus eigener Erfahrung. Aber die Folgen des Gegenteils: essen zu müssen, wenn wir schon längst satt sind, können wir uns sehr wohl vorstellen.

Langeweile: Wir alle haben Erinnerungen an Zeiten, in denen wir uns "zu Tode" gelangweilt haben – zum Beispiel in unserer Kindheit gegen Ende der Ferien.

Schrecken: Dank Alpträumen und Horrorfilmen können wir uns einen Begriff davon machen, wie es ist, von jemandem verfolgt zu werden, von dem wir genau wissen, daß er uns töten will.

Schmerzen: Zahnarztbesuche haben viele von uns um die Erfahrung kurzer, aber heftiger Schmerzen reicher gemacht.

Wenn wir nun diese Leiden kombinieren, in bezug auf Dauer und Intensität vervielfachen und uns vorstellen, daß ein Leben aus nichts anderem besteht, dann bekommen wir langsam einen Begriff vom Leben, zu dem „Versuchstiere", „Pelztiere", „Fleischtiere" usw. verdammt sind. Dann dämmert uns, welch schauerliches Alptraumdasein jene hilflosen Wesen fristen, die wir für unsere Zwecke milliardenfach gefangenhalten, foltern und umbringen. Dann beginnen wir die Hölle zu erahnen, in der sich diese Tiere vom ersten Atemzug bis zum letzten Angstschrei befinden. Und dann müssen wir entscheiden, ob wir weiter an diesen Verbrechen beteiligt sein wollen.

II. Einheit der Ethik

Die Philosophie der Tierrechtsbewegung

Es gibt, aller Rückschläge und realen Unzulänglichkeiten zum Trotz, einen moralischen Fortschritt. Dieser besteht in der langsamen, aber stetigen Ausdehnung der moralischen Sphäre, das heißt in der Erweiterung jenes Bereiches, innerhalb dessen unsere moralischen Regeln und Rücksichten Geltung haben. Wir haben erkannt, daß andere Stämme, andere Nationen, andere Rassen und das andere Geschlecht in unsere moralische Sphäre aufgenommen werden müssen. Wir haben eingesehen, daß Rassismus und Sexismus moralisch willkürliche Diskriminierungen sind, weil Rasse und Geschlecht moralisch unwesentliche Merkmale sind.

Der nächste konsequente Schritt besteht darin zu erkennen, daß nicht nur die Rassen- und Geschlechtszugehörigkeit moralisch bedeutungslos sind, sondern auch die Artzugehörigkeit: „Die Frage ist nicht: können sie *denken*? oder: können sie *sprechen*?, sondern: können sie *leiden*?“ bemerkte der englische Philosoph Jeremy Bentham bereits vor über 200 Jahren in bezug auf fühlende Lebewesen.

Die Diskriminierung aufgrund der Art oder Spezies, der *Speziesismus*, ist ebenso willkürlich, falsch und unhaltbar wie die Diskriminierung aufgrund der Rassen- oder Geschlechtszugehörigkeit. Rasse, Geschlecht und Spezies sind gleichermaßen untaugliche moralische Kriterien.

Der Rassist sagt: „Weil du eine schwarze Haut hast, darf ich dich als Sklaven halten.“ Der Sexist sagt: „Weil du eine Frau bist, darfst du nicht zur Wahl gehen.“ Und der Speziesist sagt: „Weil du ein Tier bist, kann ich dich lebenslang in Zoos sperren, mit dir grausame Experimente durchführen und dich umbringen und aufessen.“ Rassismus, Sexismus und Speziesismus befinden sich logisch und ethisch auf der gleichen Ebene. Sie sind Verstöße gegen das grundlegende moralische *Gleichheitsprinzip*.

Dabei behauptet natürlich kein vernünftiger Mensch, daß Menschen und Tiere in einem faktischen Sinne gleich wären. Natürlich sind Menschen und Tiere verschieden – so wie auch die Menschen untereinander verschieden sind. Menschen und Tiere haben, wie die Menschen untereinander, unterschiedliche Interessen.

Deshalb verlangt auch niemand ernsthaft, daß Menschen und Tiere gleich behandelt werden sollten. Unterschiedliche Interessen erfordern und rechtfertigen eine unterschiedliche Behandlung. Tiere brauchen zum Beispiel im Unterschied zu Menschen keine Religionsfreiheit, weil sie keine Religion haben – so wie Männer im Unterschied zu Frauen keinen Schwangerschaftsurlaub brauchen, weil sie nicht schwanger werden können.

Was das moralische Gleichheitsprinzip fordert, ist schlicht dies: *Wo* und *soweit* Menschen und Tiere ähnliche Interessen haben, sollen diese ähnlichen Interessen auch gleich berücksichtigt, moralisch gleich ernstgenommen werden. Zum Beispiel:

Weil alle Menschen ein Interesse an angemessener Nahrung und Unterkunft haben, sollen wir dieses Interesse auch bei allen Menschen gleich berücksichtigen – und dürfen nicht willkürliche Diskriminierungen aufgrund der Rassen- oder der Geschlechtszugehörigkeit vornehmen. Und: Weil sowohl Menschen als auch Tiere leidensfähig sind, sollen wir das Interesse, nicht zu leiden, bei Menschen und Tieren gleich berücksichtigen – und dürfen nicht willkürliche Diskriminierungen aufgrund der Artzugehörigkeit vornehmen.

Wir brauchen für Tiere keine neue Moral. Wir müssen lediglich aufhören, Tiere willkürlich aus der vorhandenen Moral auszuschließen. Dies wird gewiß ein schwieriger und langwieriger Prozeß werden. Aber das war bei der Befreiung der Sklaven und bei der Emanzipation der Frauen nicht anders. In den USA wurde die Sklaverei erst 1865 abgeschafft. In der Schweiz wurde das Frauenwahlrecht auf Bundesebene erst 1971 eingeführt. Die Befreiung der Tiere, der Sklaven des 21. Jahrhunderts, hat eben erst begonnen. Aber die Tendenz in der Moralentwicklung ist unumkehrbar. Und wäre sie es nicht – wir hätten allen Grund, uns dagegen zu wehren!

Abschied von einer Illusion

Es besteht die weitverbreitete Auffassung, daß man die Menschen nur hinreichend über den grausamen Umgang mit Tieren zu informieren bräuchte, um diesem auch ein Ende bereiten zu können. In diesem Zusammenhang wird oft die Forderung nach „gläsernen Schlachthausmauern“ erhoben. Gewiß würden solche „durchsichtigen Schlachthäuser“ einige, vielleicht sogar viele Menschen zu Vegetariern machen. Aber mit Sicherheit bei weitem nicht alle.

Deshalb ist es an der Zeit, sich von der Illusion zu verabschieden, allein die hinreichende Berichterstattung über das Grauen könnte dieses auch schon beenden. Denn die Erfahrung spricht eine ganz andere Sprache, und ich werde gleich drei Beispiele dafür bringen. Zuvor aber noch eine grundsätzliche Bemerkung:

Mit der Aussage „Vielen Menschen ist es schlicht egal, wie Tiere behandelt werden, Hauptsache, sie bekommen weiter ihr geliebtes Fleisch“ macht man sich als Tierrechtler bestimmt nicht besonders beliebt. Gleich ist man mit stereotypen Vorwürfen konfrontiert wie: Das sind halt extremistische Außenseiter mit total negativem Menschenbild. Denen sind die Tiere wichtiger als die Menschen. Die sollten sich lieber um Kinder kümmern. Und so weiter.

Aber: *Daß* es vielen Menschen letztlich gleichgültig ist, wie Tiere behandelt werden, ist schlicht die einzig rationale Schlußfolgerung, die sich aus der Realität ergibt. Und wer die Welt verändern will, muß zuerst einmal die Wirklichkeit, wie sie ist, wahrnehmen und akzeptieren.

Traurige Wahrheit

Nun zu Belegen dafür, daß Wissen alleine noch zu keinen substantiellen Verbesserungen für die Tiere führt:

1) Im Sommer 2004 ging folgende Meldung durch die Medien: Gestreßte Schafe werden durch Bilder mit Schafsgesichtern beruhigt. „Für das Experiment", erfahren wir aus dem Spiegel (Nr. 36, 2004), „sperrten die Wissenschaftler einzelne Schafe in kleine Ställe. Dabei wurden Pulsfrequenz und Hirnaktivität gemessen. Die eingepferchten Schafe wurden unruhig, blökten protestierend, ihre Pulsfrequenz stieg an, und sie bildeten deutlich mehr Stresshormone als normalerweise. (...) Sobald die Wissenschaftler aber Fotos von Schafsgesichtern aufhängten, beruhigten sich die Tiere."

Nun ist dies im Vergleich zu dem, was man Tieren ansonsten antut, extrem harmlos (wenngleich es nichts anderes als Isolationsfolter ist), aber dennoch zeigt sich auch hier, Wissen alleine bewirkt wenig im Hinblick auf eine Verbesserung der Lebenssituation der Tiere: Korrekt und ungerührt berichten die Salzburger Nachrichten (vom 27. 8. 2004), daß durch das Aufhängen eines Schaf-Fotos im Stall Schafe über die Trennung von ihrer Herde hinwegtröstet würden und alleingelassene Tiere weniger gestreßt seien. Auf die Idee, die Tiere jetzt, wo man genau weiß, wie sehr sie darunter leiden, nicht von ihrer Herde zu trennen und nicht alleine zu lassen, kommt also niemand!

2) In Salzburg wird für „Tauern Lamm Spezialitäten" mit einem Lamm-Bild geworben, das den jugendlich-kindlichen Gesichtsausdruck dieser Tiere nicht nur nicht verleugnet, sondern sogar noch besonders betont. Das Bild könnte genausogut zur Werbung für Ostersachen in einem Spielwarengeschäft verwendet werden. Es stört also offensichtlich weder die Produzenten noch die Konsumenten, dauernd daran erinnert zu werden, daß hier unschuldige Tierkinder am laufenden Band allein für Profit- und Genußzwecke ermordet werden. Deutlicher und anschaulicher könnten die grausamen Fakten also kaum präsentiert werden – und dennoch ändert dies nichts am Verhalten der Menschen!

3) Die folgende Meldung (aus den Salzburger Nachrichten vom 1. 7. 2004) ist so ungeheuerlich, daß einem ihre schauerliche und maßlose Unmoral erst nach wiederholtem Lesen bewußt wird:

„'Die Bauern könnten Teil eines Therapienetzwerkes werden‘: Oberösterreichs Agrarlandesrat Josef Stockinger (VP) sieht eine neue Einnahmequelle für Landwirte. In Zukunft sollen verstärkt Nutztiere wie Rinder, Schweine und Ziegen in der tiergestützten Pädagogik und Therapie eingesetzt werden. (...) Seit April 2004 werden acht Kinder mit sozialen Schwierigkeiten nach schweren Schicksalsschlägen mit Hilfe von Kälbern, Kühen, Ferkeln und Schweinen therapiert.“

Eine weitere Steigerung abgründiger Gemeinheit und Unmoral im Umgang mit Tieren ist schwer vorstellbar: Da werden die Tiere zuerst von spezialisierten Psychologen zu einfühlsamem Kuschelverhalten konditioniert, um anschließend von brutalen Hilfsarbeitern ins Schlachthaus geprügelt und dort von entmenschlichten Schlächtern bei lebendigem Leibe zerstückelt zu werden!

Notwendige Konsequenz

Angesichts solcher Meldungen, angesichts solchen *Wissens*, müßte ein Aufschrei des Entsetzens und der Empörung durch die Bevölkerung gehen. Aber es geschieht nichts. Warum? Weil Wissen alleine eben wenig bewirkt. Worum es daher immer unbedingt auch gehen muß, ist die Stärkung der moralischen Konstitution des Menschen. Diese ist noch sehr schwach und wenig ausgeprägt, weshalb die Gefahr des Rückfalls in vollkommenen archaischen Egoismus ständig präsent ist.

Dies ist ja auch beim Umgang des Menschen mit seinen Mitmenschen laufend zu beobachten. Deshalb muß die moralische Konstitution des Menschen gezielt gestärkt werden. Die Menschen müssen ununterbrochen dazu ermuntert werden, *freiwillig*, ohne äußeren Zwang das Gute, das Richtige zu tun.

Ethik ist Egoismus-Überwindung. Und Egoismus-Überwindung funktioniert letztlich nur speziesübergreifend, weil auch Spezies-Egoismus, also auch unsere herkömmliche speziesistische Moral, eben noch immer Egoismus ist. Wer Menschen zu moralischen Menschen machen will, muß sie dazu bewegen, *jeglichen* Egoismus zu überwinden und sich gegenüber *allen* Wesen moralisch zu verhalten – auch und vor allem gegenüber den schwächsten und wehrlosesten.

Ethik und Egoismus

Zuweilen ist es schon fast erheiternd, auf welch bizarre Weise versucht wird, die ethische und evolutionäre Kontinuität zwischen Menschen und Tieren zu verleugnen. So wird etwa die Trauer um ein verstorbenes Tier ins Lächerliche gezogen. In einem CNN-Bericht über die zunehmende Tendenz, auch bei vergleichsweise banalen Anlässen öffentlich Tränen zu vergießen, wurden als Beispiele abgebrochene Fingernägel und verstorbene Haustiere genannt. Und in der Zeitschrift Profil wird in der Kolumne „Geschmackspolizei“ befriedigt registriert, daß im Schweizer Tages-Anzeiger Tiertodesanzeigen in die Rubrik „Privatmarkt“ verbannt wurden.

Sigmund Freud hätte diesem politisch korrekten Zynismus gegenüber dem Tod von Tieren wohl wenig abgewinnen können. Über seinen Schmerz beim Ableben seines geliebten Hundes Lün Yu schrieb er: „Es ist der Qualität, wenn auch nicht der Intensität nach wie der Schmerz um ein verlorenes Kind.“

Es ist immer das gleiche traurige – und dumme! – Lied: Anstatt die Einheitlichkeit und Unteilbarkeit der Ethik zu erkennen und zu akzeptieren, glaubt man, seine Reife und Rationalität damit beweisen zu müssen, daß man die Ethik auf die eigene Art beschränkt – und dokumentiert damit doch nur, daß man Ethik mit Egoismus verwechselt.

Die Pflicht des Stärkeren

Unter dem Titel „Der Fundi und das Fossil“ berichtet Der Spiegel (Nr. 20, 1999):

„Sie sind die Repräsentanten zweier Welten, wie sie gegensätzlicher kaum sein könnten. Blut und Wasser schwitzten die ‘Sherpas‘ der deutschen wie der kubanischen Seite, die das Treffen der großen Männer organisiert hatten: Würden die Fetzen fliegen, sollte es – Ring frei – gar zu einem Eklat der Kontrahenten kommen?

Hans-Olaf Henkel, 59, Chef des Bundesverbandes der deutschen Industrie (BDI) und knallharter Turbokapitalist, traf ... auf den am längsten regierenden Diktator der Welt, den kommunistischen Altrevolutionär Fidel Castro, 72. (...)

Castro kam klassisch, im olivgrünen Kampfanzug, gestriegelt den grau gewordenen, den ewigen Revolutionsbart; Henkel konservativ, Jackett und Schlips, mit randloser Brille und streng gescheitelt, die Aura eines Musterschülers. Es gab Pastetchen, Fleischspieß und Languste.“

In einem Punkt sind sich also auch die gegensätzlichsten Menschen von vornherein einig: im Aufessen und Ausbeuten von Tieren!

Das ist die große Tragik der Tiere und die große Schande der Menschen – und wirft ein bezeichnendes Licht auf ein moralisches Grunddilemma: Das Verbindende zwischen zweien können wir nur mittels Ausgrenzung Dritter begreifen. Das Verbindende zwischen Menschen können wir nur mittels Ausgrenzung der Tiere erfassen: „Wir sind doch alle Menschen!“ – sprich: keine Tiere!

Offenbar können wir Frieden und Freundschaft mit einem Partner nur bei gleichzeitiger Feindschaft gegenüber einem anderen erkennen und erleben. Ein ebenso bedauerliches wie gefährliches Muster: Jeder Friedensschluß bedeutet gleichzeitig eine Kriegserklärung.

Wir müssen in der Ethik endlich wegkommen vom Prinzip der Ausgrenzung und hin gelangen zum Prinzip der Eingrenzung. Sicher: Jede Eingrenzung beinhaltet insofern eine Ausgrenzung als das, was sich jenseits des Eingegrenzten befindet, draußen ist. Gemeint ist aber vielmehr folgendes: Wir müssen vom sogenannten „Recht des Stärkeren", das, eingestanden oder nicht, de facto unser Handeln bestimmt, zum Prinzip der Pflicht des Stärkeren kommen. Aus der Berechtigung, den Schwächeren auszubeuten, muß die Verpflichtung werden, den Schwächeren zu beschützen – und zwar nicht nur formal und auf dem Papier, sondern tatsächlich und tagtäglich.

Diesen Wandel zu verwirklichen bedeutete freilich nicht weniger als die völlige Veränderung unseres bisherigen Denkens und Handelns. Daß dies schwer bis unmöglich sein wird, ändert nichts daran, daß unser bisheriges Verhalten ethisch erbärmlich und faktisch gefährlich ist: Wer Teile der Welt – Menschen, Tiere, Pflanzen – fortwährend und automatisch zu Feinden erklärt und entsprechend behandelt, sprich: vernichtet, wird eines Tages ohne Welt und das heißt ohne Lebensgrundlagen dastehen.

Einfache Ethik

Im Bewußtsein, daß viele tierethische Fragen noch keineswegs restlos geklärt sind, war die bisherige Ethik der Tierrechtsbewegung gekennzeichnet durch eine stetige Ausdehnung und Komplizierung der Theorie. Mein Buch „Die Ethische Weltformel“ (Neukirch-Egnach: Vegi-Verlag, 2003) soll eine Trendumkehr einläuten: eine Reduktion und Vereinfachung der Theorie. Nicht, weil etwa mittlerweile alle tierethischen Probleme gelöst worden wären, sondern weil klar geworden sein sollte, daß die Anforderungen an die Tierethik völlig überzogen waren.

Das erkennt man sofort, wenn man den Blick vom Umgang mit Tieren abwendet und sich ansieht, wie unser Umgang mit Menschen funktioniert: Da kommen wir praktisch *ohne* Ethik aus: „Beim mitmenschlichen Umgang verlassen wir uns schlicht auf eine Handvoll *praktischer Regeln* – die alle kennen und deren Mißachtung entsprechend empfindlich bestraft wird: Du darfst niemanden umbringen, foltern, vergewaltigen, einsperren und berauben. Das ists im Wesentlichen auch schon – und es funktioniert! (...) Wir kommen ... mit ganz wenigen und ganz einfachen praktischen Regeln aus, nach deren 'wirklicher', 'wahrer', 'ethischer' oder sonstiger Berechtigung oder Begründung in der Praxis kein Mensch fragt.“ (Die Ethische Weltformel, S. 65 f.) Komplexe ethische Erwägungen finden – sinnvoller- und notwendigerweise – lediglich im Zusammenhang mit schwierigen Spezialfragen wie Schwangerschaftsabbruch, Stammzellenforschung usw. statt. (Ebenda, S. 9)

Während also auf der Tierethik ein immenser Begründungsdruck lastet, lastet auf der Menschenethik, der Ethik gegenüber Menschen, was die faktische Praxis des mitmenschlichen Umgangs anbelangt, praktisch gar kein Begründungsdruck. Denn die wichtigsten Regeln für unseren Umgang untereinander sind nicht ethischer, sondern gesetzlicher Natur. (Ebenda, S. 66)

Das hat im übrigen eine wichtige und weitreichende Folge: Solange der Umgang mit Menschen in hohem Maße gesetzlich geregelt ist, während es für den Umgang mit Tieren de facto keine wirksamen Bestimmungen gibt, spielt die Tierethik eine viel größere praktische Rolle als die Menschenethik. Denn wenn es keine gesetzlichen Bestimmungen gibt, die unser Verhalten gegenüber Tieren regeln, dann wird unser Verhalten gegenüber Tieren eben weitgehend durch moralische Überlegungen und Intuitionen bestimmt. (Ebenda, S. 9)

Zweierlei Maß

Im zwanghaften Bemühen, nur ja seriös und wissenschaftlich genug zu sein, hat sich die Tierethik in eine Sackgasse manövrieren lassen und ist auf einen plumpen Trick hereingefallen: An die Tierethik werden wie selbstverständlich methodische Forderungen gestellt, die an die Menschenethik nie und nimmer gestellt werden – „und die darüber hinaus von *keiner* Ethik je auch nur ansatzweise erfüllt werden könnten: konkrete Regeln für das praktische Handeln in allen erdenklichen Situationen aufzustellen und deren 'Richtigkeit' hieb- und stichfest zu 'beweisen'." (Ebenda, S. 66 f.)

Eine solche perfekte Ethik gibt es nicht und kann es nicht geben. Das heißt natürlich nicht, daß wir überhaupt keine Ethik bräuchten und daß wir uns nicht um eine möglichst gute Ethik bemühen sollten. Im Gegenteil! Eine Welt, in der sich alle nur danach richteten, was gesetzlich verboten ist, anstatt auch danach zu fragen, was moralisch richtig ist, wäre eine schreckliche Welt. Denn „schließlich definiert der gesetzlich festgelegte Verhaltenskodex nicht mehr als so etwas wie ein moralisches Notprogramm, das die allerschlimmsten Auswüchse menschlicher Rohheit und Gemeinheit verhindern soll" (ebenda, S. 67).

Aber: Solche über das gesetzlich festgelegte „moralische Notprogramm" hinausgehenden ethischen Erwägungen und Regeln müssen einfach und nachvollziehbar sein. Denn sind sie es nicht, verstehen die Menschen diese Ethik nicht und werden sie deshalb schon allein aus diesem Grund nicht anwenden. „Was wir brauchen, sind nicht unverständliche Theorien, sondern einfache, verständliche, praktikable Regeln" (ebenda, S. 69). Und optimal wäre natürlich eine einzige ethische Regel, die quasi die Essenz aller Moral zusammenfaßt und ausdrückt. Und eine solche ethische Regel existiert in der Tat, es ist die Goldene Regel.

Goldene Regel

„Was du nicht willst, daß man dir tu´, das füg´ auch keinem andern zu." Oder: „Behandle andere so, wie du auch von ihnen behandelt sein willst." Allen gegenteiligen Behauptungen der akademischen Ethik zum Trotz (ebenda, S. 70 ff.), funktioniert diese Regel in der Praxis ganz ausgezeichnet. Alle Bedenken, die gegenüber der Goldenen Regel vorgebracht werden, beruhen letztlich darauf, daß man sie mißverstehen *will*. Meist, um damit seine eigene großartige Intellektualität herauszustreichen – nach dem Motto: Eine so allgemeinverständliche Regel ist doch weit unter meiner exklusiven akademischen Würde!

Tatsache ist: „Wenn alle Menschen die Goldene Regel konsequent anwenden würden, wären mit einem Schlag 99 Prozent aller Übel, die sich durch moralisches Handeln beseitigen lassen, beseitigt" (ebenda, S. 72).

Denn die Goldene Regel, diese gigantische ethische Weltformel, sagt uns nicht nur, wie wir uns gegenüber unseren Mitmenschen verhalten sollen, sondern auch, wie wir uns gegenüber Tieren verhalten sollen. Der Einwand, diese Regel wäre gegenüber Tieren nicht anwendbar, weil wir nicht wüßten, wie Tiere behandelt werden wollten, ist ein billiger Vorwand (ebenda, ab S. 74), um Tiere weiterhin hemmungslos ausbeuten zu können. Denn wenn wir *wollen*, wissen wir sehr genau, wie Tiere behandelt werden möchten!

Dazu brauchen wir uns nur ehrlich und ernsthaft in die Situation der Tiere zu versetzen, um uns dann zu fragen, wie wir an ihrer Stelle behandelt werden möchten. Das wird uns in den allermeisten Fällen, etwa bei Tieren im Schlachthof oder im Versuchslabor, überhaupt nicht schwer fallen. Im Gegenteil: Unser Problem wird vielmehr meistens sein, daß wir uns so *leicht* in die Lage der Tiere versetzen können!

Dritte Etappe der Tierethik

Es ist Zeit für die dritte Etappe der Tierethik (ebenda, S. 9): für die Erkenntnis, daß im Alltag *komplizierte* moralische Überlegungen über unseren Umgang mit Tieren ebenso überflüssig sind wie komplizierte moralische Überlegungen über unseren Umgang mit Menschen.

Die erste Etappe der Tierethik bestand im bizarren Irrglauben, daß es sich bei Tieren quasi um ethische Exoten handelt, auf die unsere herkömmlichen moralischen Theorien und Argumente überhaupt nicht anwendbar sind. Die zweite Phase bestand in der Erkenntnis, daß man über den richtigen Umgang mit Tieren genauso rational diskutieren kann wie über den richtigen Umgang mit Menschen. Und die dritte Etappe der Tierethik, die es jetzt zu verwirklichen gilt, besteht, wie gesagt, darin zu erkennen, daß diffizile ethische Diskussionen in bezug auf Tiere ebenso überflüssig sind wie diffizile ethische Diskussionen in bezug auf Menschen. Wahre und wirksame Ethik ist einfach.

Patriotismus und Speziesismus

„Ich würde ja gern mit den Amerikanern mitsingen, wenn sie anstatt des ewigen 'God Bless America' endlich einmal 'God Bless the World' anstimmen würden."
Leserbrief von Dietmar Kinder im Spiegel, 41, 2001

Patriotismus wie er seit den Anschlägen vom 11. September 2001 in den USA in seiner dümmsten und peinlichsten Weise zur Schau getragen wird, ist nicht nur lächerlich, sondern auch gefährlich. Und zwar nicht nur, was für jeden denkenden Menschen offenkundig ist, politisch, sondern gleichermaßen moralisch: Patriotismus ist auch eine wichtige und wirksame Triebfeder für andere schädliche Selbstbezogenheiten. So gesehen, könnte man in Anlehnung an Ronald Reagans Bezeichnung der Sowjetunion als das „Reich des Bösen" nun die USA das „Reich des Bösen" nennen, weil dort wie kaum wo sonst auf der Welt an niedrige patriotische Instinkte appelliert wird.

Um Mißverständnissen vorzubeugen, gleich eine Klarstellung: Was kritisiert werden soll, ist selbstverständlich nicht, wenn jemand seine Heimat besonders liebt, weil er in ihr aufgewachsen ist und seine Wurzeln hat und sich daher hier besonders geborgen fühlt. Kritisiert werden soll vielmehr der leider übliche destruktive und feindselige Patriotismus, dessen Energie sich de facto – bewußt oder unbewußt – aus der Abwertung aller anderen Länder und Kulturen speist.

Rassismus, Sexismus und Speziesismus

Ursache allen Übels auf Erden ist die Selbstbezogenheit des Menschen, seine Unfähigkeit, andere als seinesgleichen zu erkennen und zu behandeln: als empfindungsfähige Wesen, die leben wollen und glücklich sein wollen. Diese Selbstbezogenheit findet nicht nur auf der persönlichen Ebene als Egoismus ihren Ausdruck, sondern offenbart sich auch im gesellschaftlichen, politischen und ideologischen

Bereich. Hier sind es unter anderem Rassismus, Sexismus und Speziesismus, die die Menschen daran hindern, einfühlsam, gut und gerecht zu handeln:

Rassisten benachteiligen systematisch die Mitglieder anderer Rassen (oder was sie dafür halten), Sexisten benachteiligen systematisch die Vertreter des anderen Geschlechts und Speziesisten benachteiligen systematisch Angehörige anderer biologischer Spezies.

Eine weitere wichtige Erscheinungsform systematischer Selbstbezogenheit ist nun der Patriotismus. Und diesem kommt aus folgenden Gründen eine ganz besondere Bedeutung zu:

Alle erwähnten destruktiven Selbstbezogenheiten haben eine negative Vorbildfunktion, die auch auf andere Bereiche ausstrahlt. Das ist hier nicht anders als bei privaten, „unsystematischen" Verfehlungen: Hat man etwa erst einmal einen Fremden belogen, so fällt es einem nicht nur schon viel leichter, auch noch einen zweiten zu belügen, sondern man wird bald auch Freunde belügen, um danach Fremde wie Freunde nicht mehr nur zu belügen, sondern auch zu betrügen usw.

Diese negative Vorbildfunktion kommt beim Patriotismus besonders stark zum Tragen, weil er als quasi gemeinsamer Nenner kollektiver Diskriminierungen am meisten verbreitet ist: Alle Rassisten und fast alle Sexisten sind auch Patrioten.

Zum Patriotismus kann man sich nach wie vor offen bekennen, er ist sozusagen die legale Variante ansonsten verpönter Diskriminierungen. Kein Mensch würde sich öffentlich hinstellen und für Rassismus oder Sexismus Partei ergreifen. Sich zum Patriotismus zu bekennen, ist hingegen nicht nur ungefährlich, sondern wird tendenziell sogar als Tugend betrachtet.

Tragischer Tiefpunkt dieser traurigen Tatsache sind die USA. Hier wetteifert man geradezu darum, wer denn nun wohl der bessere, größere und echtere Patriot sei. Was bei uns als peinlich bis reaktionär gilt, unreflektierte Vaterlandsliebe ab einer gewissen Intensität, wird hier förmlich zelebriert: kindischer, ja geradezu krankhafter Patriotismus („God´s own country"), der nicht nur jeglicher Realität hohnspricht (Schopenhauer: „Jede Nation spottet über die andere, und alle haben Recht"), sondern auch, wie gesagt, politisch und moralisch höchst gefährlich und schädlich ist. Im Vergleich zu amerikanischen Intellektuellen befinden sich unsere Hilfsarbeiter, was kritische Selbstreflexion anbelangt, sämtlich auf Nobelpreisträger-Niveau.

Nun könnte man einwenden: Amerika sei doch schon allein aufgrund seiner Geschichte („melting-pot") geradezu das Musterland von Weltoffenheit und Toleranz. Allein: Dies trifft leider nur in höchst eingeschränktem Maße zu:

Wer der viel gepriesenen US-Toleranz teilhaftig werden will, muß erst einmal Amerikaner werden, also seine bisherige Identität aufgeben und in den penetranten permanenten Patriotismuschor einstimmen.

Daß Patrioten lediglich ihre eigene Heimat besonders lieben und dabei gegenüber allen anderen Ländern und Kulturen quasi neutral bleiben, ist, wie schon eingangs erwähnt, in aller Regel reine Theorie. De facto geht die Aufwertung der Heimat fast immer mit der Abwertung der „Fremden" einher. Dafür liefert gerade die Arroganz der USA einen besonders eindringlichen Beweis: Boykottierung globaler Umweltschutzmaßnahmen (z. B. betreffend Klima) und humanitärer Initiativen (z. B Ächtung von Minen), Sabotierung des internationalen Gerichtshofs, Nichteinhaltung von Verträgen (z. B. ABM-Vertrag) usw.

Tiere als doppelt Geschädigte

Sind die erwähnten irrationalen und unmoralischen menschlichen Selbstbezogenheiten mit ihrem „Flaggschiff" Patriotismus schon für die Menschheit eine Katastrophe, so leiden die Tiere darunter gleich doppelt: Erstens direkt an der allgegenwärtigen speziesistischen Diskriminierung, die dazu führt, daß Tieren automatisch ein geringerer oder gar kein moralischer Wert beigemessen wird. Zweitens indirekt, weil rassistische und patriotische Diskriminierungen immer auch dazu führen, daß der niedrige Status der Tiere weiter verfestigt oder gar noch gesenkt wird: Da es sich bei den Angehörigen anderer Rassen und Nationen immerhin noch zweifelsfrei um Menschen handelt und da dieses Mensch-Sein vor allem als Über-dem-Tier-Sein definiert wird, sinkt der Status von Tieren automatisch parallel zum Status der „untersten“ Menschen.

Zum indirekten Schaden, den Tiere durch rassistische und patriotische Diskriminierungen erleiden, gehört auch die Tatsache, daß diese Diskriminierungen auf sprachlicher Ebene meist unter Zuhilfenahme von Tieren als negative Bezugsobjekte ausagiert werden: Gegner werden „wie Tiere“ gejagt, feindliche Soldaten verstecken sich in ihren „Rattenlöchern“, um dann „ausgeräuchert“ zu werden usw.

Es ist höchste Zeit, den Patriotismus als das zu betrachten, was er immer war: eine gefährliche Selbstüberhöhung, die vernünftiges Denken und moralisches Handeln empfindlich behindert.

Vergeßt die Menschenwürde!

In einer Zeitung war jüngst zu lesen, daß die bisherige Unantastbarkeit der Menschenwürde zu bröckeln begänne: Ein neuer Kommentar des Grundgesetzes bräche das bisherige Tabu.

Das sind großartige Nachrichten für Tierrechte! Denn die unantastbare Menschenwürde ist der größte Feind der Tierrechte. Warum? Weil Tierrechte eine rationale Sache sind, während die unantastbare Menschenwürde ein Musterfall von Irrationalität ist. Dieses Konzept von Menschenwürde ist ein verkapptes religiöses Relikt, das in einer säkularen Rechtsordnung nichts verloren hat.

Tierrechte stellen hingegen, wie gesagt, ein rationales Konzept dar: Tiere sollen jene Rechte haben, die sie brauchen, um ein ihren Anlagen und Interessen entsprechendes Leben zu führen. Das ist einfach, klar und nachvollziehbar: Fische brauchen kein Recht zum Fliegen, Vögel brauchen kein Recht zum Schwimmen. Aber alle brauchen das Recht, so zu leben, wie es ihnen entspricht.

Wenn aber Tierrechte auf Menschenrechte treffen, dann müssen sie nicht mit ebenso klaren und rationalen Menschenrechten konkurrieren, sondern mit der vorgelagerten Menschenwürde, die die Menschenrechte quasi wie ein metaphysischer Schaumstoff umgibt. Die „Unantastbarkeit" dieser Menschenwürde bedeutet nämlich nichts anderes, als daß sie sich jeder Bewertung, Gewichtung und Abwägung entzieht.

Entsprechend ehrfürchtig wird diese Menschenwürde dann auch behandelt: Achtung, Halt, Stopp – jetzt kommt die Menschenwürde! Die irrationale, infantile und peinlich-läppische Verehrung, die der Menschenwürde zuteil wird, erinnert an die pathologisch-pathetische Begrüßungsformel für den amerikanischen Präsidenten: „Ladies and Gentlemen – the President of the United States of America!" „Alle Wesen auf Erden strammgestanden – die einzigartige und wunderbare Menschenwürde!“

Gegen ein derart aufgeblasenes, hysterisch beschütztes und religiös verehrtes, eben „unantastbares“ Heiligtum hat *nichts* eine faire Chance. Schon gar nicht die Vernunft und am wenigsten die Tiere. Deshalb ist diese irrationale Menschenwürde ein Riesenhindernis für rationale Tierrechte. Und daher kann den Tieren nichts Besseres passieren, als daß diese krankhafte Form der Menschenwürde an Bedeutung verliert – und damit die Sicht frei wird auf die evolutionären, biologischen und psychologischen Fakten.

Die Entsorgung dieser irrationalen Menschenwürde liegt im übrigen auch im ureigensten Interesse des Menschen! Denn damit werden auch die Konfliktlösungsversuche im menschlichen Bereich vom unnötigen Ballast archaischer Dogmen befreit. Dies zeigt sich etwa bei der Frage, ob (die Androhung von) Folter zur Rettung von Menschenleben zulässig ist. Unverzichtbar ist eine vorurteilsfreie vernünftige Diskussion aber vor allem bei prinzipiellen bioethischen Fragen (z. B. Wann beginnt das menschliche Leben?), die durch neue biotechnische Methoden (z. B. Stammzellenforschung und Präimplantationsdiagnostik) immer größere Bedeutung bekommen.

Es erweist sich also nicht nur als großer Vorteil für die Tiere, sondern auch als Glücksfall für die Menschen, wenn diese letztlich religiöse Menschenwürde relativiert wird und damit Raum für rationale Diskussionen und Lösungen geschaffen wird.

Über die Rechte von Tieren und Menschen

Menschenwürde

Tierrechte werden üblicherweise im Zusammenhang bzw. im Vergleich mit Menschenrechten thematisiert. Das ist durchaus sinnvoll. Leider wird hierbei aber meist der verhängnisvolle Fehler begangen, gleich auch die Menschen*würde* mit in die Diskussion zu ziehen. Dies ist deshalb fatal, weil der Begriff der Menschenwürde zu den nebulosesten Begriffen zählt, die es überhaupt gibt. Durch die Hereinnahme der Menschenwürde in die Diskussion um Tierrechte wird der ganze Themenbereich unnötig belastet, kompliziert und auf eine irrationale Ebene gebracht. Erschwerend kommt hinzu, daß der diffuse Begriff der Menschenwürde im Zusammenhang mit Menschenrechten nicht irgendeine, sondern eine ganz herausragende Rolle spielt: die Menschenwürde dient dazu, Menschenrechte zu begründen und zu rechtfertigen.

Wenn hier für die Verbannung des Begriffs der Menschenwürde aus der Diskussion um Tierrechte plädiert wird, geschieht dies selbstverständlich nicht, um damit die Menschenrechte irgendwie auszuhebeln, indem man sie ihrer Grundlage (bzw. dessen, was man dafür hält) beraubt. Die stets steigende allgemeine Akzeptierung der Menschenrechte wird vielmehr auch von seiten der Tierrechtsbewegung als eine der wichtigsten und erfreulichsten Entwicklungen der letzten Jahrzehnte betrachtet. Mehr noch: Die universelle Anerkennung der Menschenrechte gehört auch zu den obersten Zielen der Tierrechtsbewegung. Dieser geht es nämlich in keiner Weise um eine „Umverteilung" der Rechte von Menschen auf Tiere, sondern um die Ausdehnung der Rechte auf alle, die ihrer bedürfen.

Worum es bei der Verbannung des Begriffs der Menschenwürde aus der Diskussion um Tierrechte ausschließlich geht, ist: So wichtige Themen wie Menschenrechte und Tierrechte sollen nicht unnötig mit dubiosen Begriffen belastet werden. Niemandem, weder Menschen noch Tieren, ist gedient, wenn nachweisbare Fakten und nachvollziehbare Argumente durch nebulose Begriffe verschleiert und verdunkelt werden.

Wer sich einmal der Mühe unterzogen hat herauszufinden, was unter Menschenwürde eigentlich zu verstehen ist, wird begreifen, warum dieser Begriff in ernsthaften, rationalen Diskussionen nichts verloren hat: Es ist schlicht unmöglich, auch nur ansatzweise herauszubekommen, was „Menschenwürde" eigentlich bedeuten soll. Mehr noch: Je intensiver man nach dem Sinn dieses Wortes fahndet, desto ratloser und verwirrter wird man nur. Außer daß die Menschenwürde „unantastbar" sei, ist letztlich nichts von ihr in Erfahrung zu bringen.

Das heißt andererseits nicht, daß die Versuche, Menschenwürde irgendwie zu begründen, sich nicht ihrerseits rasch als irrationale Unterfangen erweisen ließen. Dies gilt insbesondere für den Versuch, die menschliche Würde mit der menschlichen Moralfähigkeit zu begründen: Weil wir Menschen im Gegensatz zu Tieren moralisch handeln könnten, also zwischen Gut und Böse unterscheiden und entscheiden könnten, käme uns eine einzigartige Würde, eben die Menschenwürde zu.

Da diese menschliche Würde nun aber auch und vor allem als Chiffre für moralische Höherwertigkeit verstanden wird, dafür, daß der Mensch viel mehr wert ist als alle anderen Wesen auf Erden, läuft dies auf den geradezu grotesken Schluß hinaus: Weil Menschen *moralfähig* sind, sind sie auch schon *moralisch höherwertig*. (Diesem mehr oder weniger deutlich formulierten Schluß begegnet man im übrigen auch häufig ohne Bezugnahme auf die Menschenwürde.)

Warum um alles in der Welt soll aber allein aus der Fähigkeit, moralisch zu handeln, auch schon moralische Höherwertigkeit resultieren?

Die Moralfähigkeit selbst, also die Fähigkeit, zwischen Gut und Böse zu unterscheiden und zu entscheiden, beinhaltet ja noch kein Verdienst. Verdient macht sich jemand erst, wenn er diese Moralfähigkeit auch positiv nutzt, sich also tatsächlich für das Gute entscheidet – oder sich zumindest ernsthaft bemüht, das Gute zu tun. Kurz: Es genügt nicht, das Richtige tun zu *können*, man muß es auch wirklich *tun*.

Erst die Fähigkeit, moralisch zu handeln, erzeugt auch die Gefahr, moralisch zu scheitern, sprich: sich für das Böse zu entscheiden. Deshalb gilt: Moralfähigkeit bedeutet zwar noch keineswegs automatisch moralische Höherwertigkeit, beinhaltet aber andererseits sehr wohl die Gefahr, moralisch minderwertig zu werden – minderwertig im Vergleich zu jenen, die von vornherein nicht moralfähig sind.

Wissend, auf welch schwankendem Boden die Menschenwürde steht, daß niemand sagen kann, was sie bedeutet, und daß sie daher ausschließlich dazu geeignet ist, Fakten, Argumente und Zusammenhänge zu verdunkeln, anstatt sie zu erhellen, werden wir auf dieses Konzept gerne verzichten. Auf diese Weise von Ballast befreit, können wir uns endlich der Frage zuwenden: Haben auch Tiere Rechte bzw. sollten wir auch Tieren Rechte zugestehen?

Tierrechte

Es erscheint oft äußerst schwierig, diese Frage zu behandeln: Zu groß und zahlreich sind die Vorurteile und Verwirrungen – insbesondere im Zusammenhang mit der Menschenwürde -, die die Sicht auf das Wesentliche verstellen. Dabei genügt ein einziger klarer Blick auf die relevanten Fakten, um diese Frage zu beantworten:

Kein Merkmal, sei es Bewußtsein, Selbstbewußtsein, Rationalität, Autonomie oder sonst etwas, das von irgendjemandem als moralisch bedeutsam betrachtet wird, verläuft entlang der Speziesgrenze Menschen – Tiere. Mehr noch: Es gibt viele Menschen, bei denen das betreffende Merkmal sogar deutlich *schwächer* ausgeprägt ist als bei vielen Tieren.

Konkret: Viele geistig behinderte oder senile Menschen und alle kleinen Kinder befinden sich auf einem deutlich *niedrigeren* Niveau als viele Tiere – etwa Hunde,

Katzen, Rinder und Schweine, denen wir in Versuchslabors, Tierfabriken und Schlachthöfen tagtäglich unsägliche Qualen zufügen. Egal, welche Ebene – sei es Sozialleben oder Gefühlsleben – oder welche Fähigkeiten – sei es Wahrnehmen oder Problemlösen – wir auch nehmen: Diese Tiere sind diesen Menschen klar, zum Teil haushoch überlegen.

Aber formulieren wir der Einfachheit halber ruhig großzügig: Diese Tiere sind diesen Menschen zumindest ebenbürtig (was ja auch wirklich zutrifft, wenn wir etwas weniger behinderte und senile Menschen bzw. etwas ältere Kinder nehmen).

Wenn wir diesen Menschen Rechte zugestehen, dann müssen wir auch diesen Tieren entsprechende Rechte zugestehen. Alles andere ist inkonsequent, irrational und unmoralisch.

Natürlich kann man auch sagen: Wir wollen Hunde, Katzen, Rinder und Schweine auch weiterhin so behandeln wie bisher. Aber dann müßten wir konsequenterweise auch geistig Behinderte, Senile und kleine Kinder so behandeln wie diese Tiere: sie zu Forschungszwecken mit Nagellackentfernern und Bremsflüssigkeiten vollpumpen, ihnen die Augen zunähen, die Köpfe abschneiden, sie lebenslang in winzige Käfige pferchen, sie abschlachten und aufessen.

Das ist freilich nicht der Weg der Tierrechtsbewegung. Diese will nicht den moralischen Status irgendwelcher Menschen, und seien sie noch so jung, alt, krank, behindert oder beschränkt, senken, sondern sie will den moralischen Status von Tieren heben. Und zwar exakt auf jenes Niveau, das wir im gesamtgesellschaftlichen Konsens als im Umgang mit Menschen für moralisch richtig erachten.

Das Zuschreiben von Rechten soll aufgrund nachvollziehbarer Kriterien erfolgen und diese Kriterien sollen dann objektiv, fair und konsequent angewendet werden: ohne Ansehung des Einkommens, ohne Ansehung der Hautfarbe, ohne Ansehung des Geschlechts, ohne Ansehung der Spezies.

So klar, unmißverständlich und unabweisbar diese Forderungen sind – es gibt immer wieder Versuche, sie zu unterlaufen, um Tyrannei und Terror gegenüber Tieren ungehindert und nach Möglichkeit auch noch guten Gewissens fortsetzen zu können. Folgende Einwände wurden erhoben:

Argument der Spezieseigenschaften

Man sollte alle Menschen so behandeln, wie Menschen *normalerweise* sind. Wenn auch bestimmte Menschen, etwa geistig Behinderte oder Senile, zugegebenermaßen nicht jene Eigenschaften und Fähigkeiten besitzen, die wir als für den Menschen normal erachten, so sollten wir diese dennoch so wie alle anderen Menschen behandeln, weil entscheidend ist, welche Eigenschaften und Fähigkeiten Angehörige einer Spezies normalerweise haben. Und deshalb, weil es auf die Spezieseigenschaften ankommt, ist es auch gerechtfertigt, Tiere, die auf gleichem oder sogar höherem Niveau stehen als geistig Behinderte oder Senile, schlechter als diese Menschen zu behandeln.

James Rachels[1] verdeutlicht die Absurdität dieser Argumentation anhand folgenden Gedankenexperiments: Angenommen, ein besonders begabter Schimpanse lernt sprechen und lesen und ist in der Lage, über wissenschaftliche Fragen zu diskutieren. Schließlich äußert er den Wunsch, die Universität zu besuchen. Dies will ihm nun jemand mit der Begründung verwehren: „Nur Menschen sollten die Universität besuchen dürfen, weil nur Menschen lesen, sprechen und wissenschaftliche Fragen verstehen können." „Aber dieser Schimpanse kann das auch", wird dem Bedenkenträger geantwortet, worauf dieser ungerührt erwidert: „Aber *normalerweise* können Schimpansen das nicht."

Diese Position ist natürlich alles andere als überzeugend, unterstellt sie doch, daß wir Individuen nicht aufgrund *ihrer* Eigenschaften behandeln sollen, sondern aufgrund der Eigenschaften *anderer*. Jemandem etwas vorzuenthalten, wozu er qualifiziert ist, unter Hinweis darauf, daß andere nicht dazu qualifiziert sind, ist nicht nur unfair, sondern schlicht irrational.

Und ebenso unfair und irrational ist es selbstverständlich, bestimmte Menschen (geistig Behinderte, Senile) besserzustellen als Tiere unter Hinweis auf Eigenschaften und Fähigkeiten, die *andere* Menschen („normale“ Menschen) besitzen. (Zum Einwand, man müsse die Gefühle der Verwandten von Behinderten und Senilen berücksichtigen und sie deshalb wie „normale“ Menschen behandeln: Was ist mit Behinderten und Senilen, die keine Verwandten haben?) An dieser Stelle sei nochmals klargestellt und betont: Tierrechtler wollen nicht irgendwelche Menschen schlechterstellen, sondern lediglich Tiere gleichstellen – gleich mit jenen, die die gleichen Eigenschaften, Fähigkeiten und Bedürfnisse haben.

Argument der schiefen Ebene oder Dammbruchargument

Beginnen wir erst einmal damit, bestimmte Menschen, etwa geistig Behinderte oder Senile, rechtlich schlechterzustellen als andere Menschen, so stoßen wir damit eine Entwicklung an, die schließlich viel weiter führt, als wir ursprünglich wollten, und die wir dann nicht mehr stoppen können. So könnte zum Beispiel als nächstes jemand vorschlagen, sozial Unangepaßten ihre Rechte zu beschneiden, usw. Um solchen ungewollten und gefährlichen Tendenzen nicht Vorschub zu leisten, empfiehlt es sich, an einer klar definierbaren Grenze festzuhalten, und das ist nun einmal die Speziesgrenze Menschen – Tiere.

Dazu ist zunächst zu bemerken, daß hier nicht sachlich, sondern strategisch argumentiert wird. Und dabei gilt es zu bedenken: „Keine moralische Grenzlinie kann gesichert sein, wenn sie willkürlich gezogen wurde. Es ist besser, eine Grenzlinie zu finden, die sich offen und aufrichtig verteidigen läßt.“[2]

Außerdem: Ziel der Vermeidung von „schiefen Ebenen“ oder „Dammbrüchen“ ist es, Mißbräuchen vorzubeugen. Eine solche Vorgangsweise wäre aber nur dann glaubwürdig und gerechtfertigt, wenn sie generell befürwortet und praktiziert würde. Dies ist aber, wie Ursula Wolf[3] richtig bemerkt, keineswegs der Fall: Wir tun vieles, wo Mißbräuche keineswegs ausgeschlossen sind: etwa psychisch Kranke in Kliniken unterbringen oder Straftäter in Gefängnisse sperren. Obwohl auch hier

Mißbräuche keineswegs ausgeschlossen sind, käme dennoch niemand auf die Idee, deshalb Kliniken und Gefängnisse zuzusperren.

Schließlich muß darauf hingewiesen werden, daß im Zusammenhang mit Tierrechten de facto überhaupt keine Gefahr von schiefen Ebenen oder Dammbrüchen zu Lasten von Menschenrechten gegeben ist: Kein Tierrechtler will Menschen moralisch schlechter stellen als bisher. Worum es einzig und allein geht, ist, wie gesagt, Tiere moralisch besserzustellen als bisher, nämlich gleichzustellen mit jenen, die die gleichen Eigenschaften, Fähigkeiten und Bedürfnisse haben.

Argument der Potentialität

Auch wenn sich kleine Kinder faktisch auf dem gleichen Niveau wie Hunde, Katzen, Rinder und Schweine befinden oder sogar auf einem niedrigeren Niveau, dürfen wir sie dennoch nicht wie diese behandeln, weil sie sich ja noch weiterentwickeln werden und als erwachsene Menschen sich dann auf einem viel höheren Niveau als diese Tiere befinden werden.

Zu diesem Potentialitätsargument ist zunächst festzustellen, daß es sich dabei um alles andere als um ein allgemein akzeptiertes Konzept handelt. Um dies zu erkennen, braucht man sich lediglich die aktuelle (Sommer 2001) bioethische Diskussion um Stammzellenforschung und Präimplantationsdiagnostik anzusehen: Obwohl befruchtete menschliche Eizellen und menschliche Embryonen in sehr frühem Stadium ohne Zweifel das Potential haben, vollkommene Menschen zu werden, sollen sie wie folgt behandelt werden:

Embryonen sollen getötet werden, um embryonale Stammzellen zu gewinnen, mit denen man forschen will. Befruchtete Eizellen sollen, wenn sie im Reagenzglas befruchtet worden sind, mittels Präimplantationsdiagnose vor dem Einspülen in die Gebärmutter auf genetische Defekte hin untersucht und bei Vorliegen solcher Defekte im Müll entsorgt werden.[4]

Trotz der momentan lebhaften Diskussion kann es keinen Zweifel darüber geben, daß Stammzellenforschung und Präimplantationsdiagnose in naher Zukunft auf breiter Front praktiziert werden werden.[5]

Selbstverständlich wäre es vermessen, in diesem Rahmen eine hinreichende ethische Bewertung von Stammzellenforschung und Präimplantationsdiagnostik vornehmen zu wollen. Dennoch möchte ich feststellen, daß ich beide Möglichkeiten grundsätzlich begrüße. Der wesentliche Punkt, der ja auch in der aktuellen Diskussion eine wichtige Rolle spielt, ist: Eine befruchtete Eizelle bzw. ein Embryo in frühem Stadium ist nicht leidensfähig, aber mittels Stammzellenforschung und Präimplantationsdiagnose läßt sich reales Leiden lindern oder gar verhindern: Die Stammzellenforschung soll unter anderem die Heilungschancen bei Alzheimer, Parkinson, Herzinfarkt und Krebs dramatisch verbessern und durch die Präimplantationsdiagnose können Erbkrankheiten vermieden bzw. die Kette von Krebserkrankungen in einer Familie durchbrochen werden.[6]

Den Leidensaspekt bzw. den Leidensfähigkeitsaspekt hat wohl auch Peter Hintze im Auge, wenn er fragt:[7] „Was retten Sie, wenn es im Krankenhaus brennt: den Kühlschrank mit den Reagenzgläsern oder die Kinderabteilung?“

Ein weiterer Beleg dafür, daß das Potentialitätsargument alles andere als allgemein akzeptiert ist, ist übrigens die Tatsache, daß abgestorbene oder abgetötete Föten in der Medizinpraxis als Abfälle behandelt werden und daß Föten von der Kirche weder getauft noch christlich begraben werden.[8]

Apropos Föten: Um den ethischen Stellenwert, den wir der Potentialität zuschreiben, zu erkennen, bedarf es gar nicht der Betrachtung der komplexen aktuellen Bioethik-Debatte. Es genügt vollkommen, sich die Abtreibungspraxis zu vergegenwärtigen: Jedes Jahr lassen wir die Tötung von vielen tausend potentiellen Menschen zu. Schwangerschaftsabbruch wird eben *nicht* mit Mord und Totschlag gleichgesetzt. Außerdem akzeptieren wir nidationshemmende Empfängnisverhütungsmittel (Spirale und „Pille danach"), das heißt solche, die die Einnistung der befruchteten Eizelle in die Gebärmutter verhindern.[9]

Betrachten wir das Potentialitätsargument aber auch noch grundsätzlicher und unabhängig von der aktuellen Bioethik-Diskussion. Als erster Orientierungsanker drängt sich da wohl die Forderung auf, Wesen *jetzt* entsprechend ihrer *jetzigen* Befindlichkeit zu behandeln – und nicht entsprechend vergangener oder künftiger Zustände: Einen vierzigjährigen Mann sollte man etwa weder wie einen Schuljungen behandeln, weil er einmal ein Schuljunge war, noch wie einen Greis, weil er einmal ein Greis sein wird, sondern wie einen erwachsenen Mann „in den besten Jahren", weil er das aktuellerweise nun einmal ist.

Dies schließt andererseits freilich nicht aus, daß es auch berechtigte aktuelle Ungleichbehandlungen aktuell gleicher oder vergleichbarer Wesen aufgrund künftiger Unterschiede, das heißt aufgrund eines Potentials geben kann. Um solche möglichen ethisch zulässigen Ungleichbehandlungen von aktuell gleichen oder vergleichbaren Wesen zu erkunden, wollen wir uns folgende Situation vergegenwärtigen: Wir haben zwei Kinder mit aktuell gleichen Eigenschaften, Fähigkeiten und Bedürfnissen. Während aber das eine Kind, G, völlig gesund ist und sich deshalb aller Voraussicht nach auch völlig normal entwickeln wird, wird das andere Kind, B, aufgrund eines tragischen Unfalls das Leben eines Behinderten führen.

Während B also immer so bleiben wird, wie es jetzt ist (abgesehen vom Körperwachstum natürlich), wird sich G weiterentwickeln. G kann prinzipiell „alles" werden, vom Serienmörder über einen „ganz normalen" Menschen bis zu einem herausragenden Künstler oder Wissenschaftler. Aber, wie gesagt, und das ist das Entscheidende: Gegenwärtig haben beide Kinder, G und B, die gleichen Eigenschaften, Fähigkeiten und Bedürfnisse.

Deshalb wäre es natürlich auch völlig ungerecht und ungerechtfertigt, etwa B jene Pflege, Fürsorge und Liebe vorzuenthalten, die wir G selbstverständlich angedeihen lassen. Denn B würde darunter genauso leiden, wie G darunter leiden würde.

Das heißt aber nicht, daß es nicht auch Ungleichbehandlungen von G und B gäbe, die moralisch gerechtfertigt, ja vielleicht sogar moralisch gefordert sein könnten. Zwei Beispiele:

Nehmen wir an, G und B litten an einer bestimmten Krankheit. Eine Möglichkeit, diese zu heilen, bestünde in einer einfachen Operation, die allerdings den Nachteil hat, die spätere Zeugungsfähigkeit zu gefährden. Bei der Abwägung darüber, welche Maßnahmen zur Heilung von G und B nun tatsächlich ergriffen werden sollten, müßte selbstverständlich die Tatsache berücksichtigt werden, daß eine Gefährdung der Zeugungsfähigkeit für B keinen Nachteil bedeutet, weil B aufgrund seiner vorgezeichneten Entwicklung ohnehin nie Kinder haben wird. Das heißt, im Falle von B würden für die angesprochene Operation höchstwahrscheinlich mehr Gründe sprechen als im Falle von G.

Zweites Beispiel für die Zulässigkeit oder Notwendigkeit einer Ungleichbehandlung: Angenommen, G und B stammten aus Familien, bei denen eine besondere musikalische oder mathematische Begabung „im Blut liegt“. Dies könnte es bei G sinnvoll erscheinen lassen, bereits frühzeitig mit einer besonderen Förderung dieser Begabung zu beginnen. Bei B wären die gleichen Förderungsmaßnahmen hingegen unsinnig, weil es über seine derzeitigen Möglichkeiten im wesentlichen nicht hinauswachsen wird. (Das heißt freilich nicht, daß nicht andere Förderungsmaßnahmen, die B´s besondere Situation berücksichtigen und dazu führen, daß es sein Potential voll ausschöpfen kann, sinnvoll sein könnten.)

Fragen wir nun konkret, warum bei G und B eine Ungleichbehandlung zulässig oder angezeigt ist, lautet die Antwort: Die Ungleichbehandlung ist deshalb gerechtfertigt oder gefordert, weil sie aufgrund eines in bezug auf die in Aussicht genommene Behandlung sachlich relevanten Unterschiedes erfolgt: Keine Berücksichtigung der Gefährdung der Zeugungsfähigkeit von B, weil B nie Kinder haben wird, keine besondere musikalische oder mathematische Förderung von B, weil B keine objektiv nennenswerten musikalischen oder mathematischen Fähigkeiten entwickeln wird.

Etwas völlig anderes und absolut Ungerechtfertigtes wäre es aber zu sagen: Weil B nie Kinder haben wird, lassen wir es jetzt erfrieren. Oder: Weil B nie ein guter Musiker oder Mathematiker werden wird, geben wir ihm jetzt nichts mehr zu essen.

Genau so denken und vor allem handeln wir aber in bezug auf Tiere: Weil Tiere nie etwas von Musik oder Mathematik verstehen werden, weil sie „keine Kultur haben" (wie übrigens die meisten Menschen auch nicht) und weniger intelligent sind, behandeln wir sie wie Wegwerfartikel, machen mit ihnen grausame Experimente und essen sie auf.

Voraussetzung für die ethische Zulässigkeit von Ungleichbehandlungen sind sachlich relevante Unterschiede im Hinblick auf die betreffende Behandlung. Die liegen hier aber nicht vor: Keine Kinder bekommen zu können, ist kein Grund, jemanden erfrieren zu lassen, und nichts von Musik oder Mathematik zu verstehen oder weniger intelligent zu sein, ist kein Grund, jemanden verhungern zu lassen, zu zerstückeln oder aufzuessen. Die einzige sachlich relevante Eigenschaft, die diese Behandlungsweisen ethisch rechtfertigen könnte, wäre Leidensunfähigkeit. Aber weder behinderte Menschen noch gesunde Tiere sind leidensunfähig.

Ergebnis

Alle Rechtfertigungsversuche dafür, Tieren Rechte vorzuenthalten, erweisen sich als nichtig. Es führt kein logisch und ethisch vertretbarer Weg daran vorbei, auch Tieren jene Rechte zu verleihen, die wir vergleichbaren Menschen zugestehen. Wenn wir behinderten oder ansonsten in ihren Eigenschaften und Fähigkeiten eingeschränkten Menschen und kleinen Kindern Rechte zusprechen, dann müssen wir auch Tieren, die sich auf gleichem oder gar höherem Niveau befinden, entsprechende Rechte verleihen. Alles andere ist irrational und unmoralisch – und zynisch. *Wie* zynisch, zeigt sich, wenn wir uns vorstellen, Behinderte, Senile und kleine Kinder so zu behandeln, wie wir Tiere behandeln: lebenslang einsperren, grausame und schmerzhafte Experimente mit ihnen machen und sie mästen, schlachten und aufessen.

Anmerkungen:

[1] Created From Animals. Oxford: Oxford University Press, 1991, S. 186 f.

[2] Peter Singer: Praktische Ethik. Stuttgart: Reclam, 1994, S. 109.

[3] Das Tier in der Moral. Frankfurt: Klostermann, 1990, S. 110 f.

[4] „Wir sind besser als Gott", Der Spiegel, 20, 2001, S. 240 f.

[5] Vergleiche ebenda, S. 240 ff., Embryonaler Schulterschluß, Format, 28, 2001, S. 36 f., Stammzellen-Verbrüderung, Profil, 24, 2001, S. 160.

[6] Ebenda, „Wir sind besser als Gott", S. 240 f., Ohne Herz, ohne Hirn, Profil, 34, 2001, S. 120.

[7] Ethischer Ernstfall, Der Spiegel, 21, 2001, S. 37.

[8] Flucht ins Grundsätzliche, Der Spiegel, 27, 2001, S. 40, 42.

[9] Ebenda, Die Neue Scholastik, Der Spiegel, 24, 2001, S. S. 42.

Was ist am Menschenfresser von Rotenburg so aufregend?

Angesichts der allgemein bekannten und akzeptierten Fakten (Darwin, Evolution) versucht niemand, das Charakteristische am Menschen, das ihn von den Tieren unterscheidet, an biologischen Merkmalen festzumachen. Alle Versuche, den Menschen über die Tiere zu erheben, spielen sich auf der „geistigen", sprich: auf der psychologisch-moralischen Ebene ab.

Das heißt: Rein biologisch betrachtet ist der Mensch anerkanntermaßen ein Tier, genauer gesagt: ein Säugetier. Also befindet sich auch das Essen eines Menschen, rein biologisch betrachtet, auf der gleichen Ebene wie das Essen etwa eines Schweines: In beiden Fällen wird das Fleisch eines Säugetieres verzehrt.

Der immense Unterschied zwischen dem Essen eines Menschen und dem Essen eines Schweines ergibt sich erst aus der dem Essen notwendig vorausgehenden Tötung: Die Tötung eines Menschen wird aufgrund seiner „geistigen" Eigenschaften als ein unvergleichlich gravierenderer Akt betrachtet als das Töten eines Schweines. Mehr noch: Das Töten eines Schweines wird sogar in dem Sinne als völlig „harmlos" betrachtet, daß dies ja normal, naturgegeben und notwendig sei – was sich schon daran ablesen lasse, daß dies „schon immer" so war.

Weil das Töten eines Menschen aufgrund seiner „geistigen" Eigenschaften ein Verbrechen ist, das Töten eines Schweines aber normal und harmlos, ist das Essen von Menschenfleisch pervers, das Essen von Schweinefleisch aber unbedenklich und normal.

Exakt dieser Unterschied entfällt nun aber im Falle des Menschenfressers von Rotenburg weitgehend. Denn das Opfer hat seiner Tötung ja zugestimmt. Damit kommt dem Tötungsvorgang das entscheidende Element des Verbotenen und Verbrecherischen abhanden. Der Fall wird auf die biologischen Fakten und Vorgänge reduziert. Und die sind die gleichen wie beim Töten und Essen eines Schweines.

Diese Identität im Wesentlichen ist es, die die Menschen so aufregt – und nervös macht. Denn daraus resultieren beunruhigende weitere Fragen: Warum sollte man eigentlich nicht auch Menschen, die ihrer eigenen Tötung zustimmen, essen dürfen? Warum sollte man nicht auch Menschen essen dürfen, bei denen die „geistige Differenz" zu Tieren nachweislich nicht (mehr) existiert, etwa geistig behinderte, senile oder komatöse Menschen?

Und wenn wir diese Menschen nicht essen dürfen: Warum dürfen wir dann Tiere essen?

Die Kultivierung des Menschen

Um die Tierrechtsbewegung richtig verstehen und einordnen zu können, ist es notwendig, sie nicht als isolierte Erscheinung, sondern als Element einer Entwicklung zu begreifen: nämlich als Element der Entwicklung des Menschen zu einem kultivierten Wesen.

Wir empfinden und erkennen die Notwendigkeit, uns vom barbarischen Verhalten unserer Vorfahren zu lösen und hinzuentwickeln zu einem Verhalten, das von moralischen Grundsätzen und Zielen bestimmt ist.

Und im Rahmen dieser notwendigen und wünschenswerten Entwicklung vom Steinzeitmenschen zum Kulturmenschen ist die Anerkennung und Respektierung von Tierrechten ein unverzichtbarer Schritt.

Andere Stationen dieser Entwicklung sind etwa die Bekämpfung oder Überwindung von Selbstjustiz, Sklaverei, Menschenopfern, Gladiatorenkämpfen, Hexenverbrennungen, Folter und Todesstrafe sowie die Einführung oder Etablierung von Völkerrecht, Uno und Internationalem Strafgerichtshof.

Quasi gemeinsamer Nenner dieser Entwicklung und gleichzeitig Beweis für die Notwendigkeit, Tiere in sie einzubeziehen, ist die Sensibilisierung für Aberglaube, Ungerechtigkeit und Grausamkeit: Weil wir erkannt haben, daß viele alten „Sitten und Gebräuche“ auf Aberglauben beruhen und ungerecht und grausam sind, haben wir sie überwunden. Und nach Darwin ist es absoluter Aberglaube, Tiere als etwas völlig anderes als Menschen zu betrachten. Deshalb ist unser Umgang mit Tieren ungerecht und grausam.

Diese Entwicklung zeigt auch die Unhaltbarkeit und Unsinnigkeit von moralischen Rechtfertigungen der Art: Wir haben ja schon immer – Tiere ausgebeutet, Fleisch gegessen usw. Die richtige Argumentationsfigur lautet vielmehr: Früher haben wir sogar das – Frauen vergewaltigen, Hexen verbrennen usw. – für richtig und normal gehalten!

Auf dem Weg vom Urmenschen zum Kulturmenschen gibt es viele barbarische und irrationale Bräuche und Praktiken, die überwunden werden müssen. Einige wurden schon überwunden, andere müssen erst überwunden werden. Aber es führt kein Weg daran vorbei, *alle* diese barbarischen und irrationalen Bräuche und Praktiken zu überwinden: Wenn die menschliche Kultur eine tragfähige Basis für moralisches Verhalten sein soll, darf sie keine Lücken, sprich: ungerechte und ungerechtfertigte Ausnahmen und Ausgrenzungen zulassen.

Kochen, Kunst und Charakter

Neulich sah ich wieder den Präsentator eines Kulturmagazins in einem der diversen TV-Koch-Klubs. Das sind jene perversen Sendungen, bei denen Tierleichen „kunstvoll“ zerhackt oder zerschnitten werden, um dann, mit 10000 Kräutern, Gewürzen und anderen Zutaten versehen, gebraten, gekocht oder sonst irgendwie „verfeinert“ zu werden. Dabei wird pausenlos gequasselt, um zu beweisen, wie witzig, cool und humorvoll die kochenden Prominenten in Wirklichkeit sind. Vollends unerträglich wird es, wenn während der Leichenschändung auch noch über Kunst und Kultur geplaudert wird.

Freilich stehen die kochenden Kulturträger mit ihren grauenvollen Geschmacklosigkeiten nicht alleine: Auch die meisten Künstler sind keine Vegetarier, sondern ordinäre Fleischfresser. Oft habe ich mich gefragt: Wie ist es nur möglich, gleichzeitig großer Künstler und gemeiner Tiermörder zu sein?

Die Entschuldigung, die bis vor wenigen Jahrzehnten noch möglich war, gibt es heute jedenfalls nicht mehr: den Leuten sei halt einfach nicht richtig bewußt, was sie da essen und was sie damit bewirken. Wer heute wissen will, weiß, was hinter Schlachthofmauern passiert – und wer dafür verantwortlich ist.

Man könnte es sich nun einfach machen und sagen: Entweder jemand ist Künstler oder Mörder. Nur: Dann blieben kaum noch Künstler übrig. Also muß man sich wohl zur Erkenntnis durchringen, daß viele Menschen Künstler *und* Mörder sind, daß Kunst und Moral schlicht wenig miteinander zu tun haben.

Das ist nun zwar keine umwerfende Erkenntnis, aber unsere Reaktion darauf zeigt immerhin, wie verworren unsere diesbezüglichen Gedanken und Gefühle nach wie vor sind. In unseren Köpfen spukt noch immer die Vorstellung vom Wahren, Guten und Schönen herum. Die Wahrheit aber ist: Auch schlechte Menschen können Wahres erkennen und Schönes schaffen.

Ärgerlich ist es meist allerdings dennoch, wenn sich Künstler als moralisch minderwertige Menschen erweisen. Dann nämlich, *wenn sie selbst einen moralischen Anspruch erheben.* Wer gewohnheitsmäßig an der Folter und Ermordung von fühlenden Wesen beteiligt ist, kann nämlich keinem moralischen Anspruch gerecht werden. Das gilt umso mehr für jene Eß-Künstler, die die menschliche Tyrannei über Tiere auch noch öffentlich und zynisch zelebrieren. Ethik ist unteilbar. Man kann nicht einerseits Menschenrechte fordern und andererseits für banalste Zwecke Tierrechte mit Füßen treten.

Wer früher nicht wissen wollte, was in KZs mit Juden geschieht, war ein feiger Mitläufer. Wer heute nicht wissen will, was in KZs mit Tieren passiert, ist ein egoistischer Mittäter. Am moralischen Stellenwert des Nicht-wissen-Wollens hat sich nichts geändert.

Über Ärzte, Arbeitsplätze und Tierrechte

Bei zwei Themen zappe ich sofort weg, weil ich die Engstirnigkeit und Naivität, mit der sie behandelt werden, nicht ertrage: die Gefahr einer „Ärzteschwemme“ und das Problem „zu teurer Arbeitsplätze“. Solange Chirurgen regelmäßig Marathondienste versehen, nach denen sie so übermüdet sind, daß sie nicht mehr Auto fahren dürften, vermag ich die Gefahr einer „Ärzteschwemme“ beim besten Willen nicht erkennen.

Und daß man Arbeit, anstatt froh zu sein, daß sie erledigt wird, künstlich schaffen will, ist mir auch schleierhaft. Schließlich kann man den gesamten Zivilisationsprozeß als Bemühung beschreiben, Arbeit zu erleichtern, zu verringern und abzuschaffen bzw. an Maschinen zu delegieren! Aber anstatt in Jubel darüber auszubrechen, daß uns dies erstmals in der Geschichte in nennenswertem Maße gelungen ist, wollen wir aberwitzigerweise Arbeit wieder künstlich schaffen – und beschweren uns darüber, daß dieses abstruse Ziel so schwer zu erreichen ist.

Begreift denn wirklich gar niemand, daß das, was die Menschen vor allem brauchen, Lebensmittel im weitesten Sinne sind, ihren gerechten und genügenden Anteil an dem, was produziert wird. Die Verteilung dieser Güter nach wie vor an Arbeitsplätze knüpfen zu wollen, wo Arbeit notwendig immer weniger wird, zeugt von einem realitätsverleugnenden Starrsinn, der einen schaudern läßt.

Selbstverständlich gibt es in diesem Zusammenhang auch psychologische und soziale Probleme: Identität durch Arbeit, das Gefühl, gebraucht zu werden, das Eingebundensein in eine Gemeinschaft usw. Aber von einer grundsätzlichen gesellschaftlichen Diskussion über das Thema Arbeit dürfte man doch wohl erwarten, daß die oben genannten prinzipiellen Tatsachen und Zusammenhänge wenigstens *erwähnt* werden. Exakt dies ist aber bis jetzt praktisch überhaupt nicht der Fall.

Erst ganz langsam, ganz leise und ganz vorsichtig werden solche Überlegungen in die Diskussion eingebracht.

Es ist wahrlich eine Seltenheit, daß Starrsinn und Realitätsverleugnung Anlaß zu Zuversicht und Hoffnung geben. Aber der offenkundige Irrwitz, der in der Diskussion um „zu wenige und zu teure Arbeitsplätze" zu Tage tritt, ist ein solcher Lichtblick – und zwar im Hinblick auf die Realisierung der Ziele der Tierrechtsbewegung:

Wenn es beim Thema Arbeitsplätze dermaßen lange dauert, bis endlich ein paar Außenseiter zu begreifen beginnen, was eigentlich von Anfang an jedem hätte klar sein müssen – je größer der Fortschritt, desto weniger Arbeitsplätze -, dann gibt es auch Hoffnung, daß die Menschen endlich zu begreifen beginnen, wie steinzeitlich und unmoralisch unser Umgang mit Tieren ist.

Vor dem Hintergrund der unendlichen Langsamkeit und Zähigkeit des Erkenntnisprozesses in der Arbeitsplatzdiskussion werden viele Dinge nun verständlich, die man bisher nur mit fassungslosem Staunen quittieren konnte:

Daß im Fernsehen stundenlang über notwendige Agrarreformen diskutiert werden kann, ohne die immensen ökologischen Schäden einer menschlichen Ernährung auf tierlicher Basis auch nur zu *erwähnen*.

Daß im Fernsehen stundenlang über grauenhafte Massaker an Tieren berichtet werden kann, ohne das Leiden und die Rechte der Tiere auch nur zu *erwähnen*.

Daß im Fernsehen stundenlang über die Mensch-Tier-Beziehung philosophiert werden kann, ohne die himmelschreiende Diskrepanz zwischen unseren humanitären Ansprüchen und unserem tatsächlichen Verhalten auch nur *ansatzweise* zu begreifen.

Daß wir trotz Galilei, Darwin und Freud offenkundig noch immer vom Lebensgefühl getragen werden, der Mensch habe mit der Evolution absolut nichts zu tun, sei allen anderen Lebewesen haushoch überlegen und dürfe diese daher selbstverständlich ausbeuten, umbringen und aufessen.

Es lebe die Arbeitsplatzdiskussion, die uns den bornierten Blick des Menschen so drastisch veranschaulicht – und hoffen läßt, daß Aufklärung und Bewußtseinsbildung, wenn sie nur lange genug betrieben werden, vielleicht doch einmal Früchte tragen!

Europas Rolle bei der Befreiung der Tiere

Seit einigen Jahren wird die einst politisch korrekte Haltung, wonach unterschiedliche Kulturen zwar faktisch verschieden, aber moralisch gleichwertig seien, zunehmend in Frage gestellt. Diese Entwicklung vollzieht sich insbesondere vor dem Hintergrund der Rolle und Rechte von Frauen und anderen „traditionell“ benachteiligten Menschen: Wer universelle Menschenrechte fordert, muß sich einem solchen wertenden Kulturvergleich wohl anschließen.

Kulturelle Unterschiede gibt es auch zwischen Europa und den USA. Dazu eine kleine Geschichte. Jüngst sah ich einen Bericht über eine neue Freizeitgestaltung der Römer: Sie schlüpfen in (nachgemachte) historische Kleider und Rüstungen, um die Kämpfe und Schlachten des alten Rom nachzuspielen. Das ist ja wie bei CNN, denke ich mir. Dort laufen auch Tag und Nacht bewaffnete Wahnsinnige durchs Bild – wobei es sich allerdings leider um kein Spiel handelt, sondern um bitteren Ernst: Die Amerikaner müssen wieder mal irgendwo mit Waffen Frieden schaffen und Demokratie verbreiten.

Daß das „alte Europa“ den USA, insbesondere den USA unter George W. Bush, kulturell überlegen ist, ist unübersehbar. Man denke nur etwa an die Todesstrafe, an das US-Lager Guantanamo, an die systematische Mißachtung der Genfer Konvention, an die ebenso skandalösen wie lächerlichen Eskapaden im Zusammenhang mit dem Internationalen Strafgerichtshof oder an die übliche „Auslagerung“ von Folterungen in andere Staaten. Die USA stehen heute (2005) für die faktische Verleugnung all jener Werte, um deren Verwirklichung und Verbreitung es ihnen angeblich geht.

Diese Unkultur und Kultivierung von Militanz und Terror zeigen sich auch im Kleinen: Da wird ein fünfjähriges schwarzes Mädchen wegen „Ungezogenheit“ von drei Polizisten in Handschellen abgeführt, eine Schwangere wegen angeblich zu lauten

Telefonierens von einem Polizisten zu Boden geworfen und ein Jugendlicher gefesselt abgeführt, weil er im U-Bahnhof einen Schokoriegel aß (Essen und Trinken sind dort verboten).

Genug der schaurigen Einzelheiten, zurück zum großen Ganzen. Dieses kulturelle Gefälle zwischen Europa und den USA hat auch Folgen für die Tierrechtsbewegung: In Zukunft wird Europa deren Speerspitze darstellen. Zwar liegen die Wurzeln der Tierrechtsbewegung aus philosophiehistorischen Gründen im angelsächsischen Raum (dessen utilitaristische Tradition die Tierrechtsperspektive begünstigte). Aber aufgrund des aufgezeigten Kulturgefälles wird die politische und gesellschaftliche Verbreitung der Tierrechtsidee künftig vorrangig von Europa ausgehen. Daß die Schweiz und Deutschland als erste Länder der Welt den Tierschutz in ihrer Verfassung verankert haben, ist kein Zufall, sondern Ausdruck und Folge eben dieser Entwicklung.

Das beschriebene Kulturgefälle zwischen Europa und den USA hat im übrigen auch etwas mit Religion zu tun. Und zwar weniger mit den im einzelnen praktizierten Religionen, sondern damit, in welchem Maße *alle* Religionen auf jene Rolle beschränkt werden, die sie in modernen, aufgeklärten, pluralistischen Gesellschaften legitimerweise einzig und allein spielen können: private Antworten auf private Fragen zu geben.

Zurück zur Tierrechtsbewegung. Da diese zweifellos die bisher weitestgehende, „moralischste" Befreiungsbewegung ist (weil sie nicht nur rassistische und sexistische Diskriminierungen verurteilt, sondern auch speziesistische), befindet sich ihre Speerspitze naturgemäß dort, wo Zivilisierung, Kultivierung und Moral am weitesten fortgeschritten sind. Und das ist heute eben Europa. Bei allen Schwächen, Schwierigkeiten und Rückschlägen muß man sagen: Hier bemüht man sich vergleichsweise ernsthaft und vergleichsweise erfolgreich, jene Werte, die die USA lediglich plakatieren, tatsächlich zu praktizieren.

Unsinnige Ausreden

Im Erfinden von Gründen für die Zulässigkeit des Ausbeutens und Aufessens von Tieren sind die Menschen bekanntlich recht kreativ. Dennoch hält keiner der vorgebrachten Gründe einer kritischen Prüfung stand. Die meisten sind sogar auf den ersten Blick als Ausreden erkennbar. Zum Beispiel: Die Nutzung von Tieren – die bisher ausnahmslos auf die *Ausnutzung* hinauslief – sei halt natürlich. Hierzu ist zu sagen:

1) Ganz allgemein gilt: Da wir nicht mehr unter „natürlichen Bedingungen“ leben, taugen diese auch nicht mehr als Rechtfertigungsinstanz. Ebenso gut könnte man sagen: In der Steinzeit war Morden und Vergewaltigen alltäglich, also ist Morden und Vergewaltigen auch heute noch in Ordnung.

2) Insbesondere aber sind die modernen Tierausbeutungspraktiken selbst alles andere als „natürlich“. Vielmehr laufen alle Entwicklungen auf eine immer wissenschaftlichere, technisiertere und industrialisierte, sprich: „künstlichere“ Ausbeutung hinaus.

3) Das einzige, was an der heutigen Tierausbeutung tatsächlich noch „natürlich“ ist, ist die elementare Primitivität und Grausamkeit des Menschen. Aber die zu überwinden, ist doch das erklärte Ziel jeglicher Kultur!

Nur nicht zurück zur Natur!

Es ist ein großer Irrtum zu glauben, daß es im Interesse der Tiere und ihrer Rechte läge, zurück zu einem „natürlichen", „ursprünglichen" Umgang mit ihnen zu gelangen. Denn Tierrechte sind, wie Menschenrechte, kein natürliches, sondern ein kulturelles Phänomen.

Zwar stimmt es, daß die modernen Ausformungen der Tierausbeutung auf technischer Ebene das Ergebnis von wissenschaftlicher und industrieller „Verfeinerung" darstellen. Aber die zugrundeliegende Geisteshaltung ist absolut primitiv – im entwicklungsgeschichtlichen wie im moralischen Sinne des Wortes.

Außerdem finden einige der die grauenhaftesten Massaker an Tieren nach wie vor in den „unterentwickelten" Ländern statt. Und die gesetzlichen Bestimmungen sowie das öffentliche Bewußtsein sind dort auch viel schlechter bzw. weniger entwickelt als bei uns.

Was wir brauchen, ist daher kein Zurück zur Natur, sondern ein Vorwärts zur Kultur. Vor allem auch ein Vorwärts zur Realisierung der Menschenrechte. Denn die Verwirklichung der Menschenrechte ist die notwendige Voraussetzung für die Verwirklichung von Tierrechten. Je Selbstverständlicher die Anerkennung von Menschenrechten wird, desto schwieriger wird die Verleugnung von Tierrechten werden. Denn alle rationalen Gründe, die für allgemeine Menschenrechte sprechen, sprechen auch für die Respektierung der Tierrechte.

Aufgabe der Tierrechtsbewegung

Die Aufgabe der Tierrechtsbewegung ist eine viel größere und umfassendere, als es deren heutigen Denkern und Akteuren bewußt ist. Aufgabe der Tierrechtsbewegung ist nämlich nicht nur der Kampf gegen die Grausamkeit der Menschen, sondern auch der Kampf gegen die Grausamkeit der Natur.

Es genügt nicht, die Menschen dazu zu bringen, Leiden zu lindern und zu verhindern. Vielmehr muß die Einsicht, daß Leiden etwas Schlechtes ist, auch im Umgang mit der Natur berücksichtigt und umgesetzt werden. Auch die natürlichen Grausamkeiten sind Gegenstand und Gegner der Tierrechtsbewegung.

Haben wir erst einmal erkannt, daß bestimmte „natürliche Impulse" im Menschen, etwa der zu töten oder zu vergewaltigen, zu überwindende „biologische Altlasten" in uns sind, so besteht der nächste Schritt darin, auch diese Impulse und Mechanismen selbst zu bekämpfen.

Natürlich können wir die Natur nicht von heute auf morgen vollkommen verändern. Aber wir können versuchen, sie Schritt für Schritt zu verbessern. Wem dies abwegig, irrational oder frevelhaft erscheint, sei daran erinnert, daß wir genau dies seit jeher machen: Wir verändern unsere natürliche Umwelt – um etwa Überschwemmungen zu vermeiden oder um Wüsten fruchtbar zu machen. Wir verändern den Menschen – um ihn etwa gegen Krankheitserreger zu schützen oder um ungewollte Schwangerschaften zu verhindern. Wir verändern die Tiere – um etwa deren Milchleistung zu erhöhen oder deren Fleischansatz zu vergrößern.

Wie jeder aus eigener Kenntnis weiß, ließe sich diese Liste von Veränderungen, Eingriffen, Manipulationen – wie auch immer – endlos fortsetzen. Die Umwelt, die Menschen und die Tiere zu verändern, ist für uns absolut nichts Neues. Worum es jetzt geht, ist, diese Veränderungen nicht mehr ausschließlich im Interesse des

Menschen vorzunehmen, sondern sie so zu gestalten, daß sie allen leidensfähigen Wesen zugute kommen.

Wilde im Wohnzimmer

Immer wieder hört man von „Naturvölkern“, die um den Erhalt ihrer „traditionellen“ Jagdmöglichkeiten und -methoden kämpfen. Was zunächst nur als ärgerlicher Anachronismus erscheint, enthält in Wirklichkeit ein ernstes Problem: Über viele Jahrtausende war die Nutzung von Tieren für den Menschen *tatsächlich* „natürlich“ und notwendig – weil der Mensch noch Teil der Natur war, ihrem grausamen Gesetz des Fressens und Gefressenwerdens unterworfen.

Inzwischen hat sich dies freilich gründlich geändert: Längst steht der Mensch der Natur *gegenüber*, lebt "unnatürlich" in Siedlungen und Städten und hat sich seine eigenen Gesetze geschaffen. Aber, und das ist der springende Punkt: Im kollektiven Bewußtsein spielt die einstige Konstellation – Stichwort: „Recht des Stärkeren“ – noch immer eine wichtige Rolle. Dies ist freilich nicht zuletzt darauf zurückzuführen, daß der Hinweis auf den „natürlichen Lauf der Welt“ eine willkommene Entschuldigung für Barbareien aller Art liefert.

Dennoch: Dieser Punkt muß ernstgenommen und thematisiert werden, um den mehr oder weniger bewußten Ausflüchten, mit denen unser skandalöser Umgang mit Tieren gerechtfertigt wird, den Boden zu entziehen. Die zwei wesentlichen „Eckdaten“ der historischen Entwicklung, um die es hier geht, stehen jedenfalls fest: Es gab eine Zeit, in der wir auf die Nutzung von Tieren angewiesen waren. Und heute ist dies nicht mehr der Fall.

Nun könnte natürlich eingewendet werden, daß gerade die Kultivierung und Zivilisierung des Menschen, das Leben in Städten usw. eine Fehlentwicklung sei, die rückgängig gemacht werden sollte. Wer wirklich dieser Meinung ist, soll „zurück in den Wald“ gehen und dort seine Nahrung eigenhändig erlegen. Danach können wir über die moralische Wertigkeit seines Tuns weiterreden.

Eines geht aber gewiß nicht: Sich in der warmen Stube sitzend, auf das unerbittliche „Gesetz des Fressens und Gefressenwerdens“ zu berufen, während in der High-Tech-Küche ein Gerätepark bereitsteht, um Leichenteile aus aller Welt monatelang frisch zu halten und auf Knopfdruck zuzubereiten.

Zwischen Steinzeit und Zukunft

Ich hasse Reisen. Aber manchmal haben sie auch etwas Gutes: Man kommt auf neue Gedanken. Zum Beispiel auf der Fahrt vom Münchner Hauptbahnhof zum Flughafen: Entlang der Zugstrecke erblicke ich eine Unzahl von Jäger-Hochsitzen. Welch ein Widerspruch: Auf dem Weg zum hochmodernen Flughafen, wo ich – hoffentlich! – in ein ebenso modernes Flugzeug steigen werde, befinden sich hölzerne Hinterhalte für steinzeitliches Jagen.

Wenn und wo wir wollen, können wir uns also sehr wohl ändern: Anstatt mühsam von Ort zu Ort zu wandern, fliegen wir heute schnell und bequem mit dem Flugzeug. Aber wo es uns in den Kram paßt, bleiben wir „Gefangene unserer Gene", halten wir sogar an Techniken fest, deren Zweck inzwischen jegliche Berechtigung verloren hat.

So hat sich der Mensch im Laufe der Zeit zu einem wahren Ungeheuer entwickelt: Unbekümmert und rücksichtslos bedient er sich moderner Techniken und steinzeitlicher Ausreden, um seinen grenzenlosen Egoismus hemmungslos auszuleben.

Ist der Mensch von Natur aus ein Fleischesser?

Bevor wir auf die Frage eingehen, ob der Mensch „von Natur aus“, „biologisch betrachtet“ ein Fleischesser ist, soll auf eine unbestreitbare Tatsache verwiesen werden: Fleischessen ist heute biologisch, ökologisch und medizinisch gesehen absolut unsinnig, ja geradezu kriminell:

Die Fleischproduktion bedeutet eine immense Ressourcenvergeudung (bei vegetarischer Ernährung könnten zehnmal so viele Menschen ernährt werden, bei veganer Ernährung noch mehr) und eine verheerende Umweltzerstörung (Grundwasserverseuchung, Regenwaldszerstörung und Treibhauseffekt, um nur ein paar Folgen zu nennen). Dieser institutionalisierte Wahnsinn wird bekanntermaßen auch nur mehr durch ein aberwitziges, ja geradezu geisteskrankes Subventionssystem künstlich am Leben erhalten. Außerdem besteht kein Zweifel daran, daß eine vegetarische / vegane Ernährung enorme gesundheitliche Vorteile mit sich brächte.

Nichtsdestotrotz erfreut sich die Diskussion über die „natürliche“ Ernährung des Menschen auch heute noch großer Beliebtheit. Das war vor Jahrzehnten, als ich Vegetarier wurde, nicht anders. Eines der Hauptargumente gegen den Vegetarismus war und ist: Der Mensch sei „schon rein biologisch betrachtet“ kein Vegetarier. Diese Behauptung wird üblicherweise mit endlosen „Beweisketten“ in bezug auf Darmlänge und Gebißbeschaffenheit untermauert.

Ich muß gestehen, daß mich diese „Beweise“ seit jeher langweilten und ich bis heute nicht weiß, ob der Mensch nun „biologisch betrachtet“ ein Fleischesser ist oder nicht. Fest steht hingegen, daß die Frage, ob der Mensch „biologisch betrachtet“ ein Fleischesser sei, philosophisch und ethisch völlig irrelevant ist: Sollte sich herausstellen, daß der Mensch „biologisch betrachtet“ ein Mörder und Vergewaltiger ist – wofür einiges spricht –, so würden wir deshalb ja auch nicht Mord und

Vergewaltigung straffrei stellen oder gar als erstrebenswerte Verhaltensweisen zu ansehen!

Die Frage, was der Mensch „biologisch betrachtet“ ist, ist grundsätzlich und generell moralisch ziemlich belanglos. „Biologisch betrachtet“ sind wir nämlich Steinzeitmenschen, seit mindestens 30000 Jahren organisch, das heisst körperlich als Art unverändert. Aber dennoch hat sich seit der Steinzeit einiges geändert. So können wir heute beispielsweise im Gegensatz zur Steinzeit Brillen tragen und Bücher lesen. Und niemand käme auf die Idee zu sagen: „Moment mal, du liest ein Buch, was soll das eigentlich? Das haben wir in der Steinzeit doch auch nicht gemacht!“

Darüber hinaus gibt es viele „unnatürliche“ Dinge, die wir heute im Gegensatz zur Steinzeit nicht nur können, sondern von denen wir darüber hinaus sogar überzeugt sind, daß wir sie tun *sollen*. Wenn etwa ein Kind eine Blinddarmentzündung hat, sind wir der Meinung, daß wir es operieren sollen, *obwohl* dies zweifellos eine höchst „unnatürliche“ Sache ist – wie ein Blick in einen Operationssaal beweist. „Biologisch betrachtet“ sind wir auch keine Chirurgen und Anästhesisten.

Der Grund, warum biologische Wesensbestimmungen des Menschen unsinnig sind, ist ganz einfach der, daß das Wesentliche am Menschen nicht seine biologischen Grundlagen sind, sondern das, was er aus ihnen macht. Die gesamte menschliche Entwicklung seit der Steinzeit ist keine biologische, sondern eine kulturelle. Alles, worin wir uns heute vom Steinzeitmenschen unterscheiden – vom Zähneputzen bis zur Anerkennung der Menschenrechte –, ist nicht Folge einer biologischen Bestimmung, sondern das Ergebnis einer kulturellen Entwicklung.

Der Punkt ist die schlichte Tatsache, daß die körperliche Evolution der kulturellen Evolution stets hinterherhinkt. Musterfall für die Falschheit der Vorstellung von der fraglosen Vorbildfunktion der Natur sind Sinnhaftigkeit und Notwendigkeit der Empfängnisverhütung: Würden wir uns nach dem „Willen der Natur“ richten, müßte jede Frau zigmal schwanger werden!

Deshalb sind auch alle Aussagen von der Art „Die natürliche Ernährung des Menschen ist das Fleischessen“ moralisch belanglos. Entscheidend ist, daß die „natürliche“ Ernährung des Menschen *als kulturellem Wesen* ganz bestimmt *nicht* das Fleischessen ist, sondern eine vegetarisch / vegane Ernährung. Denn das Fleischessen widerspricht allen unseren kulturellen und humanistischen Ansprüchen. Das wird drastisch deutlich, wenn wir uns Bilder oder Filme über Tiertransporte und Schlachthäuser ansehen und dann versuchen, das Gesehene in Einklang zu bringen mit unseren fundamentalen moralischen Überzeugungen. Zum Beispiel mit der Forderung, die Schwäche und Wehrlosigkeit anderer nicht auszunutzen.

Deshalb lautet die ethisch entscheidende Frage nicht: Welche Ernährung entspricht *von Natur aus* dem Menschen, sondern: Welche Ernährung entspricht *von Kultur aus* dem Menschen? Und das ist, wie gesagt, die vegetarisch / vegane Ernährung, das heißt eine fleischlose Ernährung mit der klaren Zielsetzung, so bald als möglich eine menschliche Ernährung ohne jegliche tierliche Produkte zu etablieren.

Das Vegetarisch-vegane Manifest

Kulturelle Entwicklung

1) In der Menschheitsgeschichte gibt es eine Entwicklung hin zu Zivilisation, Kultur und Moral: Ächtung von Selbstjustiz, Folter und Vergewaltigung, die Bestrebung, den Krieg als Konfliktlösungsmittel abzuschaffen usw.

Ein wichtiger Motor dieser kulturellen Evolution ist der technische Fortschritt. So hat uns etwa erst die Vervielfachung der Zerstörungskraft unserer Waffen vollends verdeutlicht, daß Krieg etwas zu Überwindendes ist. „Im Grunde" war Kriegführen wahrscheinlich schon immer irgendwie „falsch" und „unreif", aber erst die technische Vervollkommnung unserer Waffen hat uns dies so richtig bewußt gemacht.

2) Parallel zu dieser Zivilisierung und Kultivierung im Umgang mit Menschen vollzieht sich, zeitlich versetzt, auch eine Sensibilisierung im Hinblick auf unseren Umgang mit Tieren. Und auch hier spielt der technische Fortschritt eine wichtige Rolle: Das Essen von Tieren wurde zwar seit jeher als moralisch problematisch betrachtet, aber erst die optimierte und industrialisierte Tötung von Tieren verdeutlicht die Erkenntnis, daß hier etwas grundsätzlich völlig falsch läuft – zumal wir, ebenfalls dank technischer Entwicklungen, auf das Fleischessen ja in keiner Weise mehr angewiesen sind.

3) Zwischen der Zivilisierung und Kultivierung gegenüber Menschen und dieser Zivilisierung und Kultivierung gegenüber Tieren gibt es einen wesentlichen Zusammenhang: Das eine ist ohne das andere nicht möglich. Wir können den Krieg zwischen Menschen nicht abschaffen, solange wir Krieg gegen Tiere führen. Ethik ist unteilbar.

4) Ziel der Zivilisierung und Kultivierung gegenüber Tieren kann nur eine vegane Gesellschaft sein, also eine menschliche Ernährung nicht nur ohne Fleisch, son-

dern ohne jegliche tierliche Produkte. Denn die Milch- und Eierproduktion ist aufs engste mit der Fleischproduktion verknüpft und würde auch ohne diese endloses Leiden und Sterben von Tieren verursachen.

5) Wie bei der Abschaffung des Krieges unter Menschen sind wir auch bei der Abschaffung des Krieges gegen Tiere aufgrund unseres mörderischen Erbes schwer belastet und heillos überfordert. Deshalb gilt es hier wie dort, auf allen Ebenen alle Möglichkeiten zu nutzen, um das wünschenswerte und notwendige Ziel möglichst rasch zu erreichen.

Moralische Ernährung

1) Was jeder tun soll

Was jeder tun soll, ist, aufzuhören, Fleisch (inklusive Fisch) zu essen. Angesichts des gigantischen Nahrungsmittelangebotes in den „zivilisierten westlichen" Ländern ist es nicht zuviel verlangt, auf Fleisch grundsätzlich zu verzichten.

2) Was jeder noch tun soll

Was jeder noch tun soll, ist, bei Lebensmitteln, die Milch und Eier enthalten können, zu jenen Produkten zu greifen, die keine Milch und Eier enthalten; Milch- und Eiprodukte möglichst durch entsprechende vegane, also nichttierliche Alternativprodukte zu ersetzen.

3) Was Tierrechtler tun sollen

Diejenigen, die sich der Verwirklichung von Tierrechten verschrieben haben, müssen „alle Hebel in Bewegung setzen", damit möglichst rasch möglichst viele nichttierliche Produkte auf den Markt kommen: Lebensmittel, bei denen die Milch- und Eibestandteile ohnehin „unwesentlich" sind, sollen ohne diese hergestellt werden. Milch- und Eiprodukte, z. B. Käse, sollen durch entsprechende nichttierliche Produkte ersetzt werden. Fleisch soll durch „Fleischersatz"-Produkte (z. B. auf Weizen- oder Sojabasis) ersetzt werden, um dem Fleischesser den Ausstieg zu erleichtern.

Tierliche Nahrungsmittel müssen unbedingt auch von der Produktionsseite her bekämpft werden. Mit Appellen zum Konsumverzicht alleine ist ihre Verbannung aus unserem Leben nicht zu schaffen. Den tierlichen Produkten muß von beiden Seiten der Garaus gemacht werden: von der Konsum- *und* von der Produktionsseite!

Wie wichtig die „technische" Seite gesellschaftlicher Umbrüche ist, zeigt ein Blick auf die Frauenrechtsbewegung: Auch hier erfolgte der Durchbruch keineswegs nur auf weltanschaulicher, sondern vor allem auch auf chemischer Ebene: durch die Entwicklung der Anti-Baby-Pille!

Wirksame Umsetzung

Im folgenden sollen einige Überlegungen darüber angestellt werden, wie die skizzierte moralische Ernährung möglichst rasch und zuverlässig realisiert werden kann:

1) Vegetarismus

Der moralisch motivierte Vegetarismus ist gleichsam die „Eintrittskarte" ins Tierrechtsdenken. Hier gehen Logik und Ethik besonders plausibel Hand in Hand: Der Kausalzusammenhang zwischen Fleischessen und Tiertötung leuchtet unmittelbar ein („Wenn ich Fleisch esse, muß ein Tier für mich sterben"). Der moralisch motivierte Vegetarismus („Ich esse kein Fleisch, damit kein Tier für mich sterben muß") ist ein „logischer" Schritt und der Startpunkt für das Denken, Fühlen und Handeln im Sinne von Tierrechten.

Die Tierrechtsphilosophie und -ethik stellt eine solide und überzeugende Grundlage für die Abkehr von der herkömmlichen steinzeitlichen Ernährung dar. Ökologische und gesundheitliche Aspekte liefern weitere wichtige Gründe für einen Verzicht auf tierliche Produkte.

2) Veganismus

Bei der Werbung für den Veganismus können fürchterliche Fehler passieren. Das haben jene irrationalen Fanatiker eindrucksvoll bewiesen, denen es durch äußerstes Ungeschick „gelang", der ethisch und ökologisch fraglos besten menschlichen Ernährungsform, dem Veganismus, ein verheerendes öffentliches Image zu verpassen. Deshalb empfiehlt es sich dringend, sich über die momentanen Möglichkeiten der Förderung des Veganismus ein realistisches Bild zu machen, um nicht Maßnahmen zu setzen, die den Gesamtprozeß in Richtung vegane Gesellschaft letztlich verlangsamen und behindern. Hierzu bietet sich der Blick auf ein anderes, quasi „bewährtes" Tierrechts-Thema an: Tierversuche.

Wie bei der Förderung von Vegetarismus und Veganismus geht es auch bei der Bekämpfung von Tierversuchen darum, durch eine Verhaltensänderung der Menschen eine Verbesserung für die Tiere zu erreichen: daß sie nicht länger ausgebeutet, gequält und getötet werden – als Fleisch-, Milch- und Eiermaschinen oder als Versuchsobjekte.

Bei der Anti-Tierversuchs-Bewegung begegnen wir im Hinblick auf die von den Menschen geforderten Verhaltensänderungen einer differenzierten Situation. In bezug auf Kosmetika, Shampoos und Seifen, die im Tierversuch getestet wurden, wird ein Boykott verlangt. Ein Boykott von Medikamenten, Ärzten und Krankenhäusern wird hingegen nicht gefordert, obwohl der gesamte medizinische Bereich auch auf Tierversuchen beruht und seine Nutzung daher Tierversuche fördert.

Dennoch wird von Tierversuchsgegnern nicht verlangt, nicht mehr zum Arzt zu gehen oder keine Medikamente mehr zu nehmen, sondern lediglich, daß sie sich dafür einsetzen, daß diese Leistungen und Produkte künftig *anders*, nämlich ohne Tierversuche, erbracht bzw. produziert werden.

Mit anderen Worten: Man fordert lediglich einen Boykott dessen, worauf sich vergleichsweise leicht verzichten läßt, und wechselt bei Leistungen und Produkten, deren Boykott schwerer zumutbar ist, von der Boykott- zur Protest-Strategie: Es soll politisch alles daran gesetzt werden, um zu erreichen, daß diese Leistungen und Produkte künftig *anders*, nämlich ohne Tierleid, erbracht bzw. hergestellt werden.

Dies muß auch bei der Förderung des Veganismus berücksichtigt werden: Es ist unrealistisch, von den Menschen zuviel zu verlangen. Es ist wichtig, die „Produktions-Seite" zu verändern: So, wie es bei der Bekämpfung von Tierversuchen notwendig ist, die tier(versuchs)freie Herstellung von Medikamenten zu fördern, so ist es bei der Förderung des Veganismus notwendig, die tierfreie Herstellung von Nahrungsmitteln zu fördern.

3) Produktveränderung

So wichtig bei der Vegetarisierung die Ethik ist – quasi die moralische Initialzündung für eine gesellschaftliche Veränderung –, so wichtig ist bei der Veganisierung die Produktveränderung: die Herstellung von Lebensmitteln auf nichttierlicher Basis.

Denn erst wenn vegane Produkte überall vielfältig und kostengünstig angeboten werden, werden sie auch in großem Maßstab konsumiert werden. Nichttierliche Lebensmittel müssen so praktisch, profitabel und selbstverständlich werden, daß nur mehr verrückte Außenseiter auf die Idee kommen, sich wie in der Steinzeit von Leichen, Milch und Eiern zu ernähren.

Was wir daher brauchen, ist eine lebensmitteltechnologische Revolution hin zur Verwendung nichttierlicher Rohstoffe. Wobei das Wort „Revolution" vielleicht der falsche Ausdruck ist. Denn je „schleichender" und unauffälliger sich diese Entwicklung vollzieht, desto besser. Wenn die Regale erst mal voll mit veganen Produkten sind, dann werden sie die Menschen auch kaufen! Wenn der McDonald´s um die Ecke auf einmal McVegan´s heißt, werden die Leute eben da rein gehen!

Außerdem und bis es soweit ist: Erst die wenigstens ansatzweise Realisierung der „Produktionsschiene“ ermöglicht die Ausschöpfung des vielleicht gar nicht so kleinen Potentials derer, die gegenüber Tierrechten und tierfreien Produkten durchaus aufgeschlossen sind. Aber diesen Menschen muß man konkrete Vorschläge machen können, man muß sagen können: Nimm doch mal die vegane Version von dem!

Die Chancen für eine Wende zum Veganismus stehen im übrigen viel besser als vermutet. Denn das gegenwärtige *Gesamtsystem* der Lebensmittelproduktion auf tierlicher Basis, also die Herstellung von Fleisch und die Herstellung vegetarischer Produkte (Milch, Eier usw.) ist aufgrund vieler und gravierender Nachteile und Schwächen in Wirklichkeit sowieso schon schwer angeschlagen:

Ökologisch: Die Fleischproduktion bedeutet eine immense Ressourcenvergeudung (bereits bei vegetarischer Ernährung könnten zehnmal so viele Menschen ernährt werden, bei veganer Ernährung noch mehr) und eine verheerende Umweltzerstörung (etwa Grundwasserverseuchung, Regenwaldszerstörung und Treibhauseffekt).

Ökonomisch: Dieser institutionalisierte Wahnsinn wird bekanntermaßen nur mehr durch ein aberwitziges Subventionssystem künstlich am Leben erhalten.

Medizinisch: Es besteht kein Zweifel daran, daß eine vegetarische / vegane Ernährung enorme gesundheitliche Vorteile mit sich brächte.

Die negativen Konsequenzen des gegenwärtigen Systems der Lebensmittelherstellung auf tierlicher Basis sind also bereits jetzt enorm und werden sich auf Dauer immer schwerer verleugnen lassen. Selbst in der EU-Agrar-Bürokratie ist bereits ein Umdenken im Gange, Stichwort: produktionsunabhängige Subventionen.

Kommen zu den erwähnten Nachteilen und Schwächen dieses Systems weitere destabilisierende Faktoren hinzu, kann dies dessen Ende einläuten. Denn die kranke Restrentabilität dieses Systems (wäre es eine „gesunde“, echte Rentabilität, bedürfte es ja nicht des aberwitzigen Subventionssystems) beruht auf der optimierten Mehrfachnutzung der Tiere unter Ausschöpfung aller möglichen Kostenminimierungen und Gewinnmaximierungen: Die Tiere werden lebenslang soweit biologisch, technisch und organisatorisch nur irgend möglich ausgebeutet (z. B. bei der Milch- und Eierproduktion), dann vielleicht noch um irgendwelcher perverser Prämien willen ohne Essen und Trinken ein paar tausend Kilometer zum Schlachthof transportiert, um dann von billigen Hilfskräften bei unzulänglicher oder fehlender Betäubung im Akkord geschlachtet zu werden, damit (auch noch) Fleisch, Haut und Pelz verwertet werden können.

Alle Abstriche von dieser maximalen Verwertung der Tiere bedeuten Gewinneinbußen für das Gesamtsystem. Kommt es nun zu einer (weiteren) gravierenden Schwächung der zentralen Tierverwertungs-Komponente, also der Fleischnutzung (am Ende fast jeder Tierausbeutung steht die Fleischverwertung), kann dies den Zusammenbruch des Gesamtsystems bewirken:

Wenn die Gewinne aus der zentralen Tierverwertungs-Komponente Fleisch geringer werden, werden sich die tierlichen Produkte insgesamt verteuern und damit als Rohstoff für die Lebensmittelindustrie immer unattraktiver werden. Also werden sich die Hersteller nach anderen, preisgünstigeren Rohstoffen umsehen. Dadurch verteuern sich die tierlichen Nahrungsmittel neuerlich, was zum weiteren Konsumrückgang führt. Am Ende dieses Prozesses wird die Neuausrichtung des Marktes hin zu nichttierlichen Rohstoffen und Produkten stehen.

Damit erhält die massive Propagierung des Vegetarismus eine zusätzliche Bedeutung: Der Fleisch-Boykott hat das Potential, das Gesamtsystem der tierlichen Lebensmittelproduktion zusammenbrechen zu lassen!

Wichtig ist auch die Botschaft: Wer als erster die Zeichen der Zeit, also das Scheitern der jetzigen Lebensmittelproduktion auf tierlicher Basis erkennt, kann sich durch frühzeitiges „Umschwenken“ am künftigen Markt große Wettbewerbsvorteile verschaffen!

Krieg oder Frieden

Solange wir Krieg gegen Tiere führen – und das Essen von Tieren und tierlichen Produkten *ist* Krieg gegen Tiere! –, kann es keinen Frieden unter Menschen geben. Leo Tolstoi formulierte es so: „Solange es Schlachthäuser gibt, so lange wird es Schlachtfelder geben.“ Und von Albert Einstein stammt die Einsicht: „Nichts wird ... die Chancen für ein Überleben auf der Erde so steigern wie der Schritt zu einer vegetarischen Ernährung.“

Und dieser Zusammenhang zwischen unserem Umgang mit Tieren und unserem Umgang mit Menschen ist bei Lichte besehen ja auch alles andere als überraschend, sondern vielmehr vollkommen selbstverständlich. Zwei Beispiele mögen dies verdeutlichen:

Ein Bauer hat eine Kuh, einen Esel und ein paar Hühner, mit denen er über Monate und Jahre „unter einem Dach“ lebt und „zusammenarbeitet“, indem er die Milch der Kuh und die Eier der Hühner verwendet sowie den Esel vor seinen Karren spannt. Sobald seine „Kameraden“ dem Bauern aber nicht mehr nützlich sind, erschießt er sie oder hackt ihnen den Kopf ab.

Oder der übliche Umgang mit Gänsen, den ein Redakteur der „Salzburger Nachrichten“ offenkundig auch noch ziemlich lustig findet: „Die Gänse folgen Tag für Tag dem Hüter voll Vertrauen ins Nachtquartier. Sie werden demnächst ebenso vertrauensselig wie ahnungslos hinter ihm zur Schlachtbank marschieren.“

Kann wirklich irgendjemand, der sich auch nur ansatzweise um ein unbefangenes Urteil bemüht, ernsthaft glauben, daß ein solches treu- und herzloses Verhalten gegenüber Tieren ohne Einfluß auf den Umgang mit Menschen bleibt? „Ethik gegenüber dem Menschen und Roheit gegenüber den Tieren sind zwei Verhaltensweisen, die sich nicht vereinbaren lassen", schreibt Robert Jungk, „denn Grausamkeit gegen Tiere geht nahtlos in Grausamkeit gegen Menschen über."

Dieser Zusammenhang zwischen Grausamkeit gegenüber Tieren und Grausamkeit gegenüber Menschen ist, siehe oben, nicht neu. Neu ist hingegen, daß er seit einiger Zeit auch wissenschaftlich erforscht wird. Ich zitiere im folgenden aus der Dissertation „Zum psychologischen Zusammenhang zwischen der Gewalt gegenüber Tieren und der Gewalt gegenüber Menschen" von Astrid Kaplan (Universität Klagenfurt, 2003).

Kaplan zeigt, daß Gewalt gegenüber Tieren und Gewalt gegenüber Menschen oft gemeinsam auftreten und sich wechselseitig aufschaukeln. (S. 87) So haben etwa „alle Kinder, die in den letzten Jahren an den verheerenden Schulmassakern beteiligt waren, ... vorher an Tieren 'geübt'." (S. 121) Eine US-Studie aus dem Jahre 1997 zeigt, daß Jugendliche, die wegen Tiermißbrauch verurteilt wurden, fünfmal (!) wahrscheinlicher Gewalt gegenüber Menschen ausüben. (S. 152)

In einer Arbeit für die US-amerikanische Bundespolizei heißt es: „Mörder ... fangen oft damit an, als Kinder Tiere umzubringen und zu quälen." Fast alle Serienmörder haben Tiere gequält, bevor sie Menschen umbrachten. (S. 154)

Beeindruckend und beängstigend sind auch die sozioökonomischen, „vernichtungstechnischen" und forschungshistorischen Zusammenhänge. „Die Ausbeutung von Tieren war und ist das Modell und diente und dient als Inspiration für die Gräueltaten, die Menschen einander antun", schreibt Kaplan, um dann darzustellen,

a) wie die Versklavung von Tieren („Domestikation") zur Versklavung von Menschen führte, b) wie die Fließbandschlachtung von Tieren zur Fließbandschlachtung von Menschen (Holocaust) führte, und c) wie die Tierzucht zu Zwangssterilisation, Euthanasie und Genozid führte: (S. 162)

Ad a) Es ist wohl kein Zufall, daß die Sklaverei erstmals gerade in jener Region auftrat, in der auch die Landwirtschaft erstmals auftrat: im Nahen Osten. Tatsächlich war die Sklaverei wenig mehr als die Erweiterung der Domestikation auf Menschen. Die vertikale, hierarchische Beziehung zu Tieren bildete die Grundlage für die vertikale, hierarchische Beziehung zu bestimmten Menschen. Der Mißbrauch von Tieren war das Vorbild für den Mißbrauch von Menschen.

In einem der mächtigsten Stadtstaaten Mesopotamiens, in Sumer, wurden Tiere und Sklaven gleich behandelt: die Männer wurden wie die männlichen Tiere kastriert und zum Arbeiten verwendet, die Frauen wurden wie die weiblichen Tiere in Arbeits- und Züchtungslager gesteckt. Das sumerische Wort für einen kastrierten versklavten Buben („amar-kud") ist das gleiche wie für junge kastrierte Esel, Pferde und Ochsen.

In Sklavengesellschaften wurden zur Kontrolle von Sklaven und Tieren die gleichen Methoden verwendet: Kastration, Brandmarken, Auspeitschen, Kettung und Kupieren der Ohren. In ganz Amerika wurde bis ins späte 18. Jahrhundert das Brandmarken zum Markieren und Identifizieren von Sklaven benutzt. (S. 163 ff.)

Ad b) „Der Weg nach Auschwitz beginnt ... im Schlachthaus", schreibt Kaplan. Dem hätte vielleicht sogar Franz Stangl, der Kommandant von Treblinka, zustimmen können. Jedenfalls berichtet er in einem Gespräch mit Gitta Sereny:

„Jahre später, auf einer Reise in Brasilien ... hielt mein Zug in der Nähe eines Schlachthofs an. Die Viecher trotteten an den Zaun heran und starrten auf den Zug. Sie waren ganz nahe vor meinem Abteilfenster, dicht gedrängt, und sie starrten mich durch den Zaun an. Da dachte ich: Schau dir das an; das erinnert dich an Polen; genauso vertrauensvoll haben die Leute dort geschaut – gerade bevor sie in die Konservenbüchsen gingen .... (...) Diese großen, runden Augen ... die mich treuherzig anstarrten ... ohne zu ahnen, daß sie nur Augenblicke später alle tot sein würden."

In den USA spielten Schlachthäuser eine große Rolle bei der industriellen Entwicklung. Das neue „industrielle Denken“ ging ganz wesentlich von den Union-Schlachthöfen in Chicago aus. So inspirierte etwa die Effizienz, mit der dort Tiere buchstäblich am laufenden Band getötet, zerstückelt, gesäubert und verpackt wurden, Henry Ford zur Fließbandproduktion von Autos. (S. 183 f.)

Und von dieser Schlachthaus-Technologie war es auch nur mehr ein kleiner Schritt nach Auschwitz – das nach Adorno bekanntlich da beginnt, „wo einer im Schlachthaus steht und denkt, es sind ja nur Tiere.“ Nobelpreisträger J. M. Coetzee läßt seine Protagonistin Elisabeth Costello sagen: „Chicago zeigte uns den Weg; es waren die Viehhöfe von Chicago, die die Nazis lehrten, wie man Körper verarbeitet.“

Ad c) Ziel der Tier- wie der Menschenzucht ist es, wünschenswerte Wesen zu züchten und die anderen zu kastrieren und zu töten. Dieses Prinzip führte zur Zwangssterilisation von Menschen in den USA sowie zu Zwangssterilisationen, Euthanasie und Genozid in Deutschland.

Charles Davenport, der Anführer der Eugenikbewegung in den USA, definierte Eugenik als „die Wissenschaft von der Aufwertung der menschlichen Rasse durch verbesserte Fortpflanzung“ und freute sich auf die Zeit, wo eine Frau keinen Mann mehr akzeptieren würde, ohne seine biologisch-genealogischen Daten zu kennen – so wie kein Viehzüchter ein Vatertier akzeptieren würde, dessen Herkunft er nicht kennt. Davenport sympathisierte mit der Idee, die menschliche Paarung biologisch auf das Niveau in der Pferdezucht zu heben. Harry H. Laughlin, Davenports rechte Hand, war vorher Hühnerzüchter, als Washingtoner Kongreßbeauftragter zuständig für die „biologische Seite“ der Immigration – und überzeugter Befürworter von Zwangssterilisationen.

Wie Davenport und Laughlin kam auch Heinrich Himmler von der Tierzucht. Auch Rudolf Höss, der Kommandant von Auschwitz, hatte einen landwirtschaftlichen Hintergrund. Nicht zuletzt deshalb war er von Himmlers kühnen Plänen so begeistert: Auschwitz sollte eine landwirtschaftliche Forschungsstation mit bisher ungekannten Möglichkeiten werden. Tatsächlich wurde Auschwitz zum „Vollservice"-Eugenikzentrum für die Verbesserung der deutschen Tier- und Menschenpopulation.

Und so sah das NS-Eugenik-Konzept für Menschen aus: 1) Zwangssterilisation, um die Geburt „unbrauchbarer" Kinder zu drosseln. 2) Euthanasieprogramm für jene Kinder, deren Geburt durch das Sterilisationsprogramm nicht verhindert werden konnte. 3) Euthanasieprogramm für „unbrauchbare" Erwachsene.

Dieses umfangreiche Tötungsprogramm erforderte eine effiziente Tötungsmethode. Die meisten Ärzte und Techniker favorisierten das Vergasen. Getestet wurde es an Tieren. (S. 185-195)

In Robert Jay Liftons Buch „Ärzte im Dritten Reich" erläutert der SS-Arzt Dr. B. den Prozeß der Anpassung an den Massenmord:

„Wenn Sie zum ersten Mal eine Selektion sehen .... (...) Sie sehen, wenn Kinder und Frauen selektiert werden. Dann ist man so geschockt, daß man also ... das kann man nicht beschreiben. Und nach wenigen Wochen kann man es gewöhnen. Und das kann man ... niemand erklären. (...) Das kann man nur erleben .... (...) Aber ich glaube, ich kann Ihnen einen Eindruck verschaffen. Wenn Sie ... einmal in ein Schlachthaus gehen, wo Tiere geschlachtet werden. Es gehört auch der Geruch dazu ... nicht nur die Tatsache, daß die umfallen und so weiter. Sie werden wahrscheinlich kein ... das Steak schmeckt nicht mehr. Und wenn Sie es zwei Wochen lang jeden Tag machen, dann schmeckt Ihnen Ihr Steak so gut wie früher auch." (S. 180 f.)

Der jiddische Literaturnobelpreisträger Isaac Bashevis Singer, der im Holocaust viele Familienmitglieder, darunter seine Mutter und seinen jüngeren Bruder, verlor, schreibt im Vorwort zu einem Buch über den Vegetarismus (S. 232):

„Solange Menschen das Blut von Tieren vergießen, wird es keinen Frieden geben. Es ist nur ein kleiner Schritt vom Töten von Tieren zu den Gaskammern Hitlers und zu den Konzentrationslagern Stalins. (...) Solange Menschen mit Messer oder Pistole dastehen, um jene umzubringen, die schwächer sind als sie, wird es keine Gerechtigkeit geben."

Warum wir Tiere nicht essen sollen

Es gibt viele Gründe, warum wir Tiere nicht essen sollen. Der wichtigste ist wohl, daß es dafür auch nicht die geringste Notwendigkeit gibt. Mehr noch: Fleisch zu essen ist nicht nur nicht notwendig, sondern sogar ausgesprochen schädlich – und zwar nicht nur (naheliegenderweise!) für die betroffenen Tiere, sondern auch für die Menschen.

Stichwort *Hunger*: Fleisch zu essen bedeutet gegenüber einer vegetarischen oder veganen Ernährungsweise eine ungeheure Verschwendung der Nahrungsressourcen unseres Planeten: Die Tiere, deren Fleisch oder Produkte wir essen, benötigen ca. 90 Prozent des Futters, das wir ihnen geben, zur Aufrechterhaltung ihres eigenen Stoffwechsels. Das bedeutet: Wenn wir selbst Pflanzen essen würden, anstatt sie an Tiere zu verfüttern, um dann diese Tiere zu essen, könnten wir zehnmal so viele Menschen ernähren!

Über diesen fatalen Beitrag zum globalen Hungerproblem hinausgehend, fördert unser Fleischessen auch die regionale Verelendung in der dritten Welt. Dort steht nämlich in vielen Ländern die landwirtschaftliche Nutzfläche nicht für die Versorgung der einheimischen Bevölkerung zur Verfügung, weil darauf Futtermittel für die überseeische Fleischproduktion, also für unseren Fleischkonsum, angebaut werden.

Stichwort *Umweltzerstörung*: Weil die Fleischproduktion eine so ineffiziente Art der Nahrungsmittelproduktion ist, muß aus den Böden das Letzte herausgeholt werden. Dies geschieht mit massivem Chemieeinsatz – mit Kunstdüngern und sogenannten Pflanzenschutzmitteln. Diese verseuchen das Grundwasser und haben verheerende Auswirkungen auf die menschliche Gesundheit.

Um die großen Mengen an Fleisch zu erzeugen, die heute konsumiert werden, bedarf es vieler Tiere. Viele Tiere bedeuten viele Exkremente. Damit sind wir bei der Gülle. Dieses flüssige Gemisch aus Harn und Kot hat katastrophale ökologische Folgen – unter anderem, wiederum: die Verseuchung des Grundwassers.

Die Gewinnung von Land für die Rinderzucht ist eine der Hauptursachen für die Zerstörung des tropischen Regenwaldes. Die Regenwaldzerstörung führt ihrerseits unter anderem zu Flut- und Dürrekatastrophen und forciert den Treibhauseffekt.

Die negativen ökologischen Auswirkungen der Fleischproduktion sind immens und kaum übersehbar. Eine weitere Folge der Fleischerzeugung ist zum Beispiel die enorme Energie- und Wasserverschwendung. Die angeführten Stichworte sollen lediglich dazu anregen, sich hinsichtlich der verheerenden Konsequenzen des Fleischessens für unsere Umwelt einmal näher zu informieren.

Dritter Punkt zum Thema Schädlichkeit von Fleisch für den Menschen: *Krankheit.* Fleisch macht krank – und zwar nicht nur jenes Fleisch, das unter den Bedingungen irgendeines „Fleischskandals“ produziert wurde, sondern Fleisch an sich. Hinsichtlich der gesundheitlichen Risiken des Fleischessens bedarf es heute Gott sei Dank keiner langen Aufklärungsarbeit mehr. Während man früher, einer archaisch-kannibalischen Primitiv-Psychologie folgend, Fleisch mit Kraft und Gesundheit identifizierte – „Fleisch ist ein Stück Lebenskraft“ ist ein Relikt dieser Steinzeitlogik –, weiß heute jedes Kind, daß man umso gesünder lebt, je *weniger* Fleisch man ißt.

Ethik

In Unkenntnis oder trotz der angeführten Fakten glauben manche Menschen noch immer, daß das Töten von Tieren für menschliche Ernährungszwecke ein schwieriges moralisches Problem sei. Dabei ist genau das Gegenteil der Fall: Die Frage nach der Zulässigkeit des Fleischessens bedarf überhaupt keiner besonderen ethischen Theorien oder Überlegungen. Vielmehr handelt es sich hier um einen ganz banalen Interessenkonflikt und um eine daraus resultierende ebenso banale Güterabwägung.

Dabei geht es auf Seiten der Tiere um lebenslanges, schwerstes Leiden, auf Seiten der Menschen um einen kurzen Gaumenkitzel. Einzige und einfache Frage: Was wiegt schwerer: das Interesse, lebenslanges, schwerstes Leiden zu vermeiden, oder das Interesse, einen kurzen Gaumenkitzel zu haben?

Das Interessen*ungleichgewicht* gegen das Fleischessen könnte deutlicher und dramatischer überhaupt nicht ausfallen – ganz zu schweigen von den angeführten negativen Folgen des Fleischessens für Mensch und Umwelt, die ebenfalls gegen das Fleischessen sprechen! Keine ethische Theorie auf der Welt kann bei Berücksichtigung dieser Fakten das Fleischessen rechtfertigen. Konsequenterweise laufen auch alle Rechtfertigungsversuche auf die mehr oder weniger gelungene Verleugnung oder Verschleierung dieser Fakten hinaus.

Fleischessen ist, wie gesagt, alles andere als ein kompliziertes ethisches Problem. Angesichts des spektakulären Interessen-ungleichgewichts, das hier vorliegt, ist es im Grunde sogar fraglich, ob man überhaupt von einem *ethischen* Problem sprechen kann. Denn dies zu tun, suggeriert, daß wir es mit einem mehr oder weniger diffizilen Für und Wider zu tun haben, was, wie gezeigt, ja in keiner Weise zutrifft. In anderen Bereichen kämen wir jedenfalls nicht im Traum auf die Idee, von einem ethischen Problem zu sprechen, wenn das Interessenübergewicht auf einer Seite dermaßen eindeutig und eklatant ist.

Stellen wir uns etwa jemanden vor, der eine ganze Stadt in Flammen aufgehen lassen möchte, um das schöne Feuer bewundern zu können. Wer wollte die Frage, ob die Verwirklichung dieses Wunsches zulässig sei, als „ethisches Problem“ bezeichnen? Oder: Jemand möchte einem anderen „zum Spaß“ den Kopf abschneiden – ein „ethisches Problem“?

Dilemma

Zurück zum spektakulären Interessenungleichgewicht beim Fleischessen: lebenslanges Leiden gegenüber kurzem Gaumenkitzel. In dieser prekären Situation gibt es für diejenigen, die den nächsten Braten vor dem Zugriff ihres Gewissens retten wollen, nur zwei Möglichkeiten: Sie können versuchen, den Wert, das moralische Gewicht des eigenen Gaumenkitzels zu vergrößern oder das Leiden der Tiere zu verkleinern.

Der erste Weg wird selten beschritten. Wer dem eigenen geschmacklichen Interesse am Fleisch nämlich einen derart exorbitanten Stellenwert beimißt, daß es das immense Leiden der Tiere übertrifft, der gerät in eine schwierige und unangenehme Situation. Erstens bricht damit die Argumentationslinie mit der geistigen und moralischen „Höherwertigkeit“ des Menschen, die die (Aus-)Nutzung der Tiere rechtfertigen soll, zusammen. Zweitens zeichnet derjenige, der seiner Freßlust solch gigantisches Gewicht verleiht, ein Bild von sich, das auffallende Ähnlichkeit mit Vorstellungen hat, die wir üblicherweise nur mit Tieren, zumal mit Schweinen in Verbindung bringen: keinerlei „höhere“ Interessen, sondern nur primitive, „schweinische“ Bedürfnisse und Triebe. „Feinschmeckerei ist das Laster der Seelen, die sonst keinerlei Gehalt haben“, hatte schon Rousseau treffend bemerkt.

Die erste Möglichkeit, das eklatante Interessenungleichgewicht beim Fleischessen zu beseitigen, besteht also, wie gesagt, darin, die eigene Freßlust unendlich zu vergrößern. Da diese Strategie, wie gezeigt, recht unerfreuliche und wenig schmeichelhafte „Nebenwirkungen“ hat, besinnt man sich in der Regel des zweiten Fluchtweges aus dem moralischen Dilemma: Man versucht das Leiden der Tiere wegzuphantasieren.

"Man könnte die Tiere doch auch leidensfrei aufzuziehen und töten!" lautet der reflexartig vorgebrachte stereotype Einwand derer, die um den ungetrübten Verzehr ihrer nächsten Mahlzeit bangen. Nur: Was hat die Möglichkeit hier mit der Wirklichkeit zu tun? Zunächst gar nichts. Was immer nämlich auch die theoretischen Möglichkeiten einer leidensfreien Fleischproduktion sein mögen – Tatsache ist, daß das Fleisch, das wir heute überall zu kaufen bekommen, von Tieren stammt, die gelitten haben!

Bio

Und was ist mit Fleisch aus sogenannter „biologischer" Tierzucht? Wäre nicht das eine Lösung? Wohl kaum:

Das Motiv, „biologische" Tierzucht zu betreiben, ist ja kein ethisches, sondern ein ökonomisches: das Füllen der Marktlücke in bezug auf „gesundes", „natürliches", eben „biologisches" Fleisch.

Die Menschen, die diese Tierzucht betreiben, sind zu einem Großteil dieselben, die früher „normale" Tierzucht betrieben haben, oder, schlimmer noch, noch immer betreiben. Das heißt: Hier wird oft von denselben Personen „biologisches" *und* „normales" Fleisch produziert. Wir haben es mit Menschen zu tun, die entweder auf „biologische" Tierzucht „umgesattelt" haben oder die „biologische" und „normale" Tierzucht parallel betreiben. Was dies hinsichtlich der Einstellung gegenüber den Tieren bedeutet, liegt auf der Hand. Um ein Bild zu gebrauchen: Wir haben es hier mit Folterknechten zu tun, die sich zu Kindergärtnern umschulen ließen und die womöglich jetzt beide Berufe gleichzeitig ausüben!

Schließlich der vielleicht wichtigste Grund, warum die „biologische" Fleischproduktion niemals eine leidensfreie Fleischproduktion sein kann: Auch hier müssen die Tiere, bevor ihr Fleisch auf unseren Teller kommen kann, *geschlachtet* werden. Und die „biologische" Tierzucht unterscheidet sich, wie schon der Name sagt, von der „üblichen" Tierzucht vor allem in bezug auf die Aufzucht, nicht in bezug auf die Schlachtung!

Das ist auch nur konsequent, geht es doch bei der „biologischen" Tierzucht, wie gesagt, nicht darum, die Tiere glücklich zu machen – dafür gäbe es vielleicht bessere Methoden, als sie umzubringen –, sondern darum, die Menschen mit „gutem" Fleisch zu versorgen. Und hierbei spielt die Aufzucht nun einmal eine wichtigere Rolle als die Schlachtung. Die Schlachtung ist auch bei der „biologischen" Tierzucht alles andere als biologisch – ganz abgesehen davon, daß „biologische Schlachtung" schon von den Begriffen her absoluter Unsinn ist!

Im Zusammenhang mit der „biologischen" Tierzucht kommt oft der merkwürdige, erstaunlicherweise aber tatsächlich ernstgemeinte Hinweis, daß diese Tiere vor ihrem Tod doch immerhin ein „glückliches Leben" gehabt hätten. Ja und? Ist denn das ein Grund, sie jetzt umzubringen? Das ist so, wie wenn sich ein Mörder vor Gericht damit rechtfertigen würde, bei der Auswahl seiner Opfer stets darauf zu achten, daß sie wenigstens ein „glückliches Leben" hatten!

Aus den angeführten Gründen ist auch die beste „biologische" Fleischproduktion meilenweit von einer leidensfreien Fleischproduktion entfernt. Es gibt allerdings noch einen schwerwiegenderen und prinzipielleren Grund dafür, daß eine leidensfreie Fleischproduktion nicht möglich ist: Der Mensch ist nicht schlecht genug, um eine solche Fleischproduktion verwirklichen zu können.

In Wirklichkeit ist es nämlich nicht so, daß die heute übliche grausame Behandlung der Tiere den Gipfel seelischer Roheit und moralischer Niedertracht markiert. Vielmehr bedeutete die „humane" Aufzucht und Tötung von Tieren für menschliche Ernährungszwecke in gewisser Weise sogar eine noch größere Barbarei und Gemeinheit.

Schizophrenie

Nehmen wir an – ein reines Gedankenexperiment! –, wir würden alle finanziellen, technischen und organisatorischen Voraussetzungen für eine leidensfreie Aufzucht und Tötung von Tieren schaffen: kleine Betriebe, die den Tieren optimale, artgerechte Lebensbedingungen bieten, modernste technische Ausstattung, die einen raschen, überraschenden und schmerzfreien Tod garantiert, kompetentes und gut bezahltes Personal, das ausreichend Zeit für die Betreuung der Tiere hat, usw.

Eine solche „ideale“ Fleischproduktion würde nur mit menschlichen Monstern funktionieren! Denn *einerseits* müßten die Menschen, die mit den Tieren umgehen, diese gut und liebevoll behandeln. *Andererseits* wüßten sie aber, daß diese liebevolle Behandlung ausschließlich auf das – völlig unnötige! – Umbringen ihrer Schutzbefohlenen hinausläuft!

Gerade die theoretisch denkbare Möglichkeit einer leidensfreien Fleischproduktion führt uns die Absurdität der Fleischproduktion *an sich* vor Augen – konkret: die Absurdität des Tötens ohne Notwendigkeit. Nirgends kommt diese psychologische und moralische Perversion deutlicher zum Ausdruck als in der eklatanten Diskrepanz zwischen der liebevollen Pflege der Tiere einerseits und dem eigentlichen und ausschließlichen Ziel dieser Pflege andererseits.

Diese emotionale Schizophrenie und dieser in seiner abgründigen Gemeinheit nicht mehr zu überbietende Vertrauensbruch wären die notwendige Voraussetzung für eine „humane“ Fleischproduktion. Man beachte die völlige Deplaziertheit des Begriffs „human“ in diesem Zusammenhang – ein Ausdruck und Gradmesser für den unauflöslichen Widerspruch, mit dem wir es hier zu tun haben!

Um zu zeigen, welche emotionalen Monster für eine leidensfreie Fleischproduktion notwendig wären, seien einige Handlungen bzw. Situationen angeführt, die in ihrer psychologischen und moralischen Abgründigkeit mit einer solchen „humanen“ Fleischproduktion vergleichbar sind: Wir streicheln unserer Katze liebevoll den Kopf – um ihr im nächsten Augenblick den Hals umzudrehen. Oder: Ein Mann umarmt zärtlich seine Frau – um ihr im nächsten Moment ein Messer in den Rücken zu stoßen. Oder: Wir ziehen unsere Kinder mit aller Liebe auf, sorgen dafür, daß es ihnen an nichts fehlt und daß sie eine sorgenfreie, glückliche Kindheit haben – um sie bei einem bestimmten Gewicht ....

Es bleibt nur die bange Alternative: eine „humane“ Fleischproduktion mit abgründiger Hinterhältigkeit oder eine „traditionelle“ Fleischproduktion mit roher Gewalt – Hinterhältigkeit oder Gewalt gegenüber leidensfähigen Lebewesen, die uns hilflos ausgeliefert sind. Beides wird unser Menschsein, unser Denken, Handeln und Fühlen, nicht unberührt lassen.

Roh oder reif?

Neulich hatte ich wieder eine Begegnung mit Reinhold Messner – Gott sei Dank nur am TV-Bildschirm. Irgendwie war ich gerade unkonzentriert, sodaß ich nicht wie sonst sofort wegschaltete. Wie üblich redete er ziemlichen Unsinn. Diesmal ging es um die angebliche Notwendigkeit, Tiere eigenhändig umbringen zu können. Dies sei bei Kaninchen, dozierte Messner, schwieriger als bei anderen Tieren, weil bei Kaninchen unsere ursprüngliche Scheu vor dem Töten größer und das Mitgefühl intensiver sei. Wie auch immer, da müsse man eben durch. Moderator (Reinhold Beckmann) und Gast (Udo Jürgens) nickten verständig bzw. grinsten dreckig.

Erst nachträglich wurde mir bewußt, welch erstaunliches Phänomen in solchen Situationen zutage tritt: Es besteht zwar weitgehendes Einvernehmen darüber, daß sowohl beim Töten von Tieren (etwa durch einen Bauern) als auch beim Töten von Menschen (etwa durch einen Serienmörder) eine anfängliche Scheu überwunden, eine Grenze überschritten werden muß. Was aber beim Umbringen von Menschen als katastrophale Verrohung angesehen wird, gilt beim Umbringen von Tieren als wünschenswerte Reifung!

Eine bemerkenswerte Unterscheidung – bei der allerdings weder Ethik noch Psychologie mitspielen: Es gibt keine vernünftige Begründung für diese Differenzierung (sondern nur eine auf religiösen Dogmen beruhende). Und Serienmörder „üben" in der Regel gerade das an Tieren, was sie später an Menschen verbrechen. Mit anderen Worten: Die übliche Unterscheidung zwischen „gesunder" Härte gegenüber Tieren und „natürlichem" Mitgefühl gegenüber Menschen funktioniert praktisch eben nicht, weil Härte gegenüber Tieren nahtlos in Gewalt gegenüber Menschen übergeht.

Gehen wir Türken vergiften!

Da mir Georg Kreislers Lied „Gehen wir Tauben vergiften im Park“ innerhalb weniger Tage mehrfach in den Medien begegnete, will ich dazu auch etwas sagen. Daß man vor Jahrzehnten, quasi in der Altsteinzeit des Tierrechtsbewußtseins, so etwas schreiben und witzig finden konnte, ist ja noch einigermaßen nachvollziehbar. Daß die Menschen das auch heute noch lustig finden, ist schon wesentlich bedenklicher.

Aber leider ist solch tierfeindlicher Humor ja alles andere als eine Seltenheit. Man braucht sich nur eine beliebige Comedy- oder Kabarettsendung anzusehen – und muß garantiert nicht lange warten, bis ein geschmackloser Scherz auf Kosten von Tieren kommt.

Und je „fortschrittlicher“ der Künstler, desto widerlicher die Pointe. Das kommt daher, daß diese „Witze“ über das Quälen und Umbringen von Tieren ja keineswegs nur als lustig empfunden werden sollen, sondern vor allem eine besonders progressive Haltung signalisieren sollen – nach dem Motto: Je größer der „Tabubruch“, desto „mutiger“ die Aussage.

Nun könnte man natürlich einwenden: Mein Gott, die Tierrechtler sollten sich doch um Himmels willen nicht gar so anstellen, nicht so „schmallippig“, kleinlich und spießig sein. Schließlich gehe es hier um Humor. Und außerdem – Achtung, jetzt wird's ernst: Hier steht letztlich auch die Freiheit von Kunst und Meinungsäußerung auf dem Spiel!

Was von solchen Einwänden zu halten ist, sollte klar werden, wenn wir an „schwarzen“ oder „subversiven“ Humor der folgenden Art denken: „Gehen wir Kinder vergiften im Park“. Oder: „Gehen wir Türken vergiften im Park.“ Da würde niemand mehr die Schwärze des Humors loben oder die Freiheit von Kunst und Meinungsäußerung ins Treffen führen! Dies würde – zu Recht – als nicht hinnehmbares, gefährliches Spiel mit latenten kinder- bzw. fremdenfeindlichen Tendenzen betrachtet werden.

Und wer sich über das Vergiften von Tieren lustig macht, spielt mit dem Leben von Tieren – weil er ein Klima schafft oder begünstigt, in dem das Quälen und Umbringen von Tieren als lustig oder harmlos, auf alle Fälle aber als moralisch unbedenklich betrachtet wird.

Die „progressiven" Künstler, die von den billigen Lachern feiger und sadistischer Mitklatscher leben, sollten vom Feuilleton nicht länger hofiert, sondern endlich kritisiert werden – als Ewiggestrige, die noch immer nicht kapiert haben, daß der realen Vernichtung stets die verbale Abwertung, Verharmlosung und Verhöhnung vorausgehen – und zwar im Hinblick auf Tiere *und* Menschen:

Entscheidend ist nämlich nicht die Spezies der Opfer, sondern die Schwäche der Opfer. Und wer erst einmal mit dem Mißbrauch von Schwächeren begonnen hat, wird damit auch fortfahren. Denn sowenig Ethik teilbar ist, sowenig sind es auch Egoismus, Mitläufertum und Unmoral.

Der Buchhalter von Auschwitz

In einem Spiegel-Bericht (19, 2005) über Oskar Gröning, den „Buchhalter von Auschwitz“, wird dessen fragwürdige und mangelnde psychologische und moralische Aufarbeitung seiner Beteiligung am NS-Massenmord dokumentiert und kritisiert. Gröning arbeitete zwei Jahre im KZ Auschwitz, wo er das Geld der ermordeten Juden zählte und Dienst an der Rampe tat. Dennoch fällt es ihm nach wie vor schwer, Schuld zu empfinden oder einzugestehen.

Über das Ende des Gesprächs mit Gröning, das dem Artikel zugrundeliegt, berichtet der Interviewer:

„Er geht hinaus in den Garten. (...) Gröning hat im Winter drei Zentner Vogelfutter auf seine Wiese gekippt und 150 Meisenknödel in die Bäume gehängt. Er liebt Vögel. Neulich hatte einer in seinem Briefkasten genistet. Eines Tages war er tot. Jemand hatte den Vogel mit einem Luftgewehr erschossen. ‚Da könnte ich heulen’, sagt Oskar Gröning.“

Da ist sie wieder: Die ebenso dumme wie abstoßende, besonders bei „Fortschrittlichen“ verbreitete Vorwurfshaltung, deren klassische Formulierung lautet: „Bei uns werden die Hunde besser behandelt als die Kinder.“ Und die politisch korrekte, aber psychologisch absurde Fortsetzung des Gedankengangs: Würden wir Hunde schlechter behandeln, ginge es den Kindern besser („Solange es so viel menschliches Leid gibt, sollten wir uns zuerst darum kümmern!“).

Anstatt sich über *jedes* Mitgefühl zu freuen – und es zu fördern –, werden *bestimmte* Formen des Mitgefühls (vor allem das mit Tieren) abgewertet – mit der Folge, daß damit das Mitgefühl *insgesamt* geschwächt und behindert wird. Denn echtes Mitgefühl ist immer umfassend, wahre Ethik ist immer ungeteilt. Wer sich wirklich um Menschen kümmert, dem sind auch die Tiere ein Anliegen, und wer sich wirklich um Tiere kümmert, dem sind auch die Menschen ein Anliegen.

Daß bei den meisten Menschen das Mitgefühl zuwenig ausgeprägt ist, ist traurig genug. Aber das muß man nicht auch noch forcieren, indem man bestimmte Formen des Mitgefühls abwertet. Die richtige Reaktion auf zu geringes Mitgefühl ist vielmehr, dieses *als* Mitgefühl zu loben, zu fördern und zu verstärken.

Nichts auf der Welt ist so mächtig wie eine Idee, deren Zeit gekommen ist (Victor Hugo)

Nun ist die Zeit für Tierrechte gekommen. Denn Tierrechte sind die logische und notwendige Folge aller Fakten und Forderungen, auf denen eine aufgeklärte, humane und gerechte Gesellschaft beruht. Acht Beispiele:

Ernährung. Die Tiere, deren Fleisch wir essen, benötigen 90 Prozent des Futters, das wir ihnen geben, zur Aufrechterhaltung ihres eigenen Stoffwechsels. Mit anderen Worten: Wenn wir selber pflanzliche Nahrungsmittel essen würden, uns also vegetarisch oder vegan ernähren würden, anstatt diese Nahrungsmittel an Tiere zu verfüttern, um dann deren Fleisch zu essen, könnten wir bei gleichen Ressourcen zehnmal so viele Menschen ernähren.

Umwelt. Diese Ineffizienz der Nahrungsmittelproduktion auf tierlicher Basis führt dazu, daß aus den Böden das Letzte herausgeholt wird – mit massivem Chemieeinsatz in Form von Kunstdüngern und Pflanzenschutzmitteln. Viele Tiere bedeuten viele Exkremente, also Riesenmengen an Gülle, die die Umwelt verseucht. Die Gewinnung von Land für die Rinderzucht ist eine der Hauptursachen für die Zerstörung des tropischen Regenwaldes. Und die Regenwaldzerstörung führt zu Flut- und Dürrekatastrophen und forciert den Treibhauseffekt.

Gesundheit. Es gibt eine erdrückende Zahl von Studien, die die immense gesundheitliche Überlegenheit einer pflanzlichen Ernährung eindrucksvoll belegen. Tierliche Nahrungsmittel begünstigen unter anderem Herzerkrankungen, Schlaganfall, Krebs, Diabetes und Arthritis. Bei pflanzlicher Ernährung könnten 80 bis 90 Prozent aller Krebs- und Kreislauferkrankungen vermieden werden, zumindest bis ins hohe Alter. Angaben des Journal of the American Medical Association zufolge könnten durch eine vegetarische Ernährung 97 Prozent aller Herzverschlüsse verhindert werden.

Evolution. Die selbstgefälligen und infantilen Mythen über den herausragenden und abgehobenen Status des Menschen (er sei die „Krone der Schöpfung“, die Tiere wären für ihn geschaffen worden usw.) verlieren immer mehr an Bedeutung. Dies ist die notwendige Folge der zunehmenden Registrierung und Akzeptierung dessen, was Darwin bereits vor 150 Jahren erkannte: Es gibt *eine* Evolution *allen* Lebens und keine quasi extraterrestrischen Wesen, die von außen oder oben oder sonstwo auf wundersame Weise zum übrigen Leben dazugestoßen wären.

Ähnlichkeit. In der Praxis bzw. wenn es um unseren Vorteil geht, akzeptieren wir diese aus der gemeinsamen Evolution resultierenden Ähnlichkeiten ja auch. Stichwort: Tiere als Ersatzteillager für menschliche Organe. Egal, welche technischen oder medizinischen Probleme der massenweisen Nutzung tierlicher Organe für den Menschen heute auch noch entgegenstehen mögen – gegenwärtige Diskussion und Praxis veranschaulichen eindrucksvoll die völlige Absurdität der herkömmlichen strikten Trennung zwischen Tieren und Menschen.

Empathie. Das gilt auch auf psychischer Ebene. Stichwort: Tiertherapien. Die therapeutische Wirkung von Tieren wird heute etwa in Krankenhäusern, Erziehungsheimen und Gefängnissen gezielt eingesetzt. Denn der Umgang mit Tieren macht Menschen nachweislich ausgeglichener, stabiler und widerstandsfähiger. Mittlerweile gibt es für bestimmte Krankheitsbilder spezielle tiertherapeutische Ansätze, zum Beispiel mit Delphinen. All dies funktioniert nicht, weil Menschen und Tiere völlig verschieden sind, sondern weil es zwischen Menschen und Tieren eine evolutionäre Kontinuität mit daraus resultierender wechselseitiger Empathie und reichhaltiger Kommunikation gibt.

Ethik. Auch die moralische Kluft, die herkömmlicherweise zwischen Menschen und Tieren behauptet wird, hält empirischer und rationaler Betrachtung nicht stand. Egal, an welches Merkmal wir den moralischen Wert von Wesen auch heften: Nicht *nur* Menschen besitzen es (bzw. einen bestimmten Ausprägungsgrad desselben) und nicht *alle* Menschen besitzen es. Zum Beispiel Autonomie, Rationalität und Selbstbewußtsein. Vielmehr gibt es immer Menschen (z. B. Senile, geistig

Behinderte und kleine Kinder), bei denen das betreffende Merkmal sogar deutlich *schwächer* ausgeprägt ist als bei vielen Tieren (etwa bei Hunden, Katzen, Rindern oder Schweinen).

Frieden. Deshalb akzeptiert die menschliche Psyche die suggerierte moralische Kluft zwischen Menschen und Tieren letztlich auch nicht: Wer Tiere quält und umbringt, tendiert auch dazu, Menschen zu quälen und umzubringen. Bei Jugendlichen, die wegen Tiermißbrauch verurteilt wurden, ist die Wahrscheinlichkeit, daß sie auch gegenüber Menschen Gewalt ausüben, fünfmal höher. Und fast alle Serienmörder haben Tiere gequält, bevor sie Menschen umbrachten. Wer die Gewalt gegenüber Menschen bekämpfen will, muß auch die Gewalt gegenüber Tieren bekämpfen. Leo Tolstoi drückte dies so aus: Solange es Schlachthäuser gibt, wird es auch Schlachtfelder geben.

III. Strategien für Tierrechte

Aktion und Ethik

Theorie und Praxis der Tierrechtsbewegung

In der Tierrechtsbewegung wird immer wieder darüber gestritten, was denn letztlich wichtiger sei: Theorie oder Praxis, Philosophieren oder Demonstrieren, Ethik oder Aktion? Im folgenden möchte ich zeigen, daß diese Alternative unsinnig ist: Es geht nicht um Theorie *oder* Praxis, sondern um Theorie *und* Praxis! Die Notwendigkeit, beide Bereiche ernstzunehmen und auszuüben, möchte ich anhand von drei Beispielen verdeutlichen.

1) Es heißt völlig zu Recht: „Ein Bild sagt mehr als tausend Worte." Nichts erzeugt mehr Wut und solch einen Wunsch, selbst tätig zu werden, wie etwa ein Film über Tiertransporte oder Tierschlachtungen. Das ist die praktische Seite.

Andererseits wissen wir aber leider auch, daß die Wirkung solcher Filme bei den meisten Menschen sehr rasch wieder verblaßt. Warum? Weil gleich wieder die alten, bequemen Vorurteile auftauchen und das Gesehene relativieren oder zunichte machen: „Fressen und Gefressenwerden ist nun einmal der Lauf der Welt." „Tiere wurden doch für den menschlichen Verzehr geschaffen." „Tiere leiden auch nicht so schrecklich, wie wir uns das vorstellen." Usw.

Und weil es so ist, daß die Wirkung von Bildern durch alte speziesistische Konzepte immer wieder zerstört wird, ist es unerläßlich, den Menschen zusätzlich zu Bildern auch neue ethische Ideen zu liefern, die diese alten Konzepte neutralisieren.

2) Schopenhauer sagt ganz richtig: Mitleid ist die Grundlage und Triebfeder aller Moral. Und ausgelöst wird Mitleid durch unmittelbare Konfrontation mit dem Leiden: mit den Leidenden selbst oder mit Bildern oder Filmen von ihnen. Wenn wir dieses Leiden dann sehen, leiden wir mit, haben Mitleid und wollen helfen. Soweit wieder die praktische Seite.

Aber Schopenhauer hat auch erkannt, daß es Situationen gibt, in denen das Mitleid zu spät, zu wenig oder gar nicht auftritt. Im Zusammenhang mit Tieren wird das sogar die Regel sein, weil das Leiden der Tiere ja bewußt und systematisch versteckt wird: hinter dicken Mauern, bunten Verpackungen und lustigen Sprüchen.

Und in solchen Fällen, wo kein Mitleid ausgelöst wird – etwa wenn wir im Supermarkt ein Tier kaufen oder im Restaurant bestellen wollen, das als solches nicht mehr erkennbar ist –, bedarf es moralischer Grundsätze. Da hilft kein Mitleid, weil keines entsteht. Hier brauchen wir wieder die Ethik, die „Theorie“, die Maximen, um auch in jenen Situationen richtig zu handeln, in denen uns kein Mitleid den Weg weist.

3) Wir sind als Menschen denkende und fühlende Wesen. Und wir wissen, wie weh es tut, wenn zwischen Gedanken und Gefühlen ein Widerspruch herrscht. Wenn wir etwa jemanden lieben, von dem wir verstandesmäßig wissen, daß er es gar nicht wert ist. Oder wenn wir als Tierrechtler das sichere Gefühl haben, im Recht zu sein, und plötzlich irgendjemand mit einem dummen speziesistischen Einwand daherkommt, den wir nicht gleich entkräften können. Das erzeugt extremes Unbehagen, immense Unruhe, es beginnt sofort in uns zu arbeiten: Diese unerträgliche Spannung wollen wir so rasch wie möglich loswerden.

Diese kreative Unruhe können wir aber auch bewußt und gezielt einsetzen! Wir müssen den Menschen neue Gefühle einpflanzen, die nicht zu ihren alten speziesistischen Gedanken passen, und neue Gedanken, die nicht zu ihren alten speziesistischen Gefühlen passen. Damit erreichen wir alle, die wir erreichen können, und haben eine gute Chance, sie für unsere Sache zu gewinnen. Denn die objektiven Fakten und stichhaltigen Argumente liegen ohnehin auf unserer Seite.

Wie wichtig beide Seiten, Gedanken und Gefühle, Theorie und Praxis, Ethik und Aktion, wirklich sind, kann man sich anhand eines Gedankenexperiments leicht veranschaulichen: Was wäre, wenn eine Seite fehlen würde:

Wie stünde die Tierrechtsbewegung da, wenn es zwar die bekannten Bücher gäbe, aber niemanden, der ihr Programm umsetzte! Und wie stünde die Tierrechtsbewegung da, wenn es zwar viele Aktionsgruppen gäbe, aber keine Argumente, mit denen man die Aktionen begründen könnte!

Der unsinnige und schädliche Theorie-Praxis-Streit muß endlich begraben werden. Wir brauchen beides: spektakuläre Aktionen *und* überzeugende Begründungen!

Ethik oder Egoismus

Plädoyer für bedingungsloses Helfen

Ein ebenso häufiger wie dummer Vorwurf gegen Tierschützer und Tierrechtler lautet: Die Menschen kommen zuerst; solange es so viel menschliches Leid gibt, ist es geradezu unmoralisch, seine Energie an Tiere zu verschwenden.

Diese Auffassung ist aus einem ganz banalen Grund unsinnig: Ethik ist unteilbar. Wer sich wirklich um Menschen kümmert, dem sind auch die Tiere ein Anliegen, und wer sich wirklich um Tiere kümmert, dem sind auch die Menschen ein Anliegen. „Die Menschen kommen zuerst!“ ist die billige Ausrede derer, die weder Tieren noch Menschen helfen wollen.

In der konkreten Praxis ist freilich wie im gesamten Bereich gemeinnütziger Tätigkeiten eine Aufgabenteilung sinnvoll und notwendig. Daher kann auch niemand berechtigt kritisiert werden, weil er sich auf das Wohl von Tieren konzentriert. Einer Museumsgesellschaft wird schließlich auch nicht vorgeworfen, sich nur um alte Kunst und nicht auch um alte Menschen zu kümmern (Gotthard M. Teutsch).

In weiten Bereichen lassen sich Tier- und Menschenliebe aber problemlos verbinden. So wird etwa niemand in seinem Engagement für Menschen beeinträchtigt, wenn er keine Tiere umbringt und aufißt!

Tierschützer und Tierrechtler haben allerdings weniger Grund als angenommen, sich über die Forderung „Die Menschen kommen zuerst!“ aufzuregen. Denn unter ihnen grassiert ein nicht minder unsinniges Motto: Wir kommen zuerst – unser Verein, „unsere“ Tiere, unsere Ziele, unsere Methoden sind die besten, wichtigsten und wirkungsvollsten!

Anstatt die „Konkurrenz“ dauernd zu kritisieren, sollten wir uns über sie freuen. Denn die Vielfalt der Vereine hat, richtig gesehen und richtig genutzt, große Vorteile. Erst durch sie können unterschiedliche Menschen angesprochen und motiviert werden. Denn unterschiedliche Menschen fühlen sich nun einmal in unterschiedlicher Umgebung wohl. Die Vielfalt der Vereine ist die Voraussetzung dafür, das Veränderungspotential vieler optimal zu nutzen.

Die Vielgestaltigkeit der Bewegung ist aber auch aus einem anderen Grund wichtig: In bezug auf Tiere befinden wir uns an einem historischen Wendepunkt. Das jetzige Stadium gleicht jener Situation, als immer mehr Menschen erkannten, daß die Sklaverei unhaltbar ist. Solche Umbruchzeiten sind gekennzeichnet durch eine gesellschaftliche Gespaltenheit: Vorhandene gesetzliche Bestimmungen hinken neuen moralischen Vorstellungen hinterher, das Ausmaß, in dem das Unrecht erkannt wird, ist noch sehr unterschiedlich.

Die Gespaltenheit der Bewegung widerspiegelt nichts anderes als die Gespaltenheit der Gesellschaft. Und das ist gut so: Es ist wichtig, daß es Menschen gibt, die Tiere befreien. Es ist wichtig, daß es Menschen gibt, die mit Politikern reden. Und es ist wichtig, daß es Menschen gibt, die mit modernem Marketing für die Befreiung der Tiere werben. Erst die Vielschichtigkeit der Bewegung ermöglicht den Brückenschlag zwischen momentan Möglichem und moralisch Notwendigem!

Machen wir daher endlich Schluß mit den kindischen und schädlichen Eifersüchteleien. Ein artegoistisches „Menschen zuerst!“ brauchen wir ebensowenig wie ein vereinsegoistisches „Wir zuerst!“ Jeder, der helfen will, soll helfen, soviel er kann. Es geht weder um die Verwaltung des Leidens noch um die Verteilung des Leidens, sondern ausschließlich um die Linderung des Leidens!

Jeder konzentriere sich auf seine Arbeit und respektiere die Arbeit der anderen!

Nobelpreisträger für Tierrechte

Neulich fiel mir eine alte Zeitungsmeldung folgenden Inhalts in die Hände: Nachdem in Bangladesch Wilderer einen jungen Elefanten getötet hatten, verwüsteten dessen überlebende Herdenmitglieder ein ganzes Dorf und schlugen 1000 Bewohner in die Flucht. Einige Tiere bewachten den toten Verwandten und ließen keine Menschen heran. Ein Wildhüter berichtete, daß die trauernden Elefanten Klagegeräusche von sich gaben.

Bei diesem Bericht mußte ich gleich an folgendes Zitat von Elias Canetti denken:

„Es schmerzt mich, daß es nie zu einer Erhebung der Tiere gegen uns kommen wird, der geduldigen Tiere, der Kühe, der Schafe, alles Viehs, das in unsere Hand gegeben ist und ihr nicht entgehen kann. Ich stelle mir vor, wie die Rebellion in einem Schlachthaus ausbricht und von da sich über eine ganze Stadt ergießt ....“

Überhaupt kann die Tierrechtsbewegung auf eine beeindruckende Zahl von Nobelpreisträgern auf ihrer Seite verweisen. Da können wir ganz aktuell beginnen: Elfriede Jelinek bekennt sich zum Kampagnentext: „Sowenig Farbige für Weiße oder Frauen für Männer geschaffen wurden, sowenig wurden Tiere für den Menschen geschaffen.“ Und der Literaturnobelpreisträger Vorjahres, J. M. Coetzee, ein vehementer Verfechter der Tierrechtsidee, läßt seine Protagonistin Elizabeth Castello sagen: „Es waren die Viehhöfe von Chicago, die die Nazis lehrten, wie man Körper verarbeitet.“

„Im Hinblick auf das Recht zu leben, befinden wir uns ... auf derselben Stufe wie die Tiere“, befindet der Dalai Lama.

Ob Dichter, Denker oder Wissenschaftler – alle kommen zum Ergebnis, daß der übliche Umgang mit Tieren moralisch nicht zu rechtfertigen ist:

„Es gibt keinen objektiven Grund für die Annahme, daß menschliche Interessen wichtiger seien als tierliche." (Bertrand Russell)

„Wer gegen arme, hilflose Mitgeschöpfe, die unter ihm stehen, erbarmungslos gewesen ist, hat kein Recht, wenn er in hilflose Lage kommt, zu einem höher stehenden Wesen zu beten: Herr, erbarme dich meiner!" (Bertha von Suttner)

„Die Grausamkeit gegen Tiere und auch die Teilnahmslosigkeit gegenüber ihren Leiden ist nach meiner Ansicht eine der schwersten Sünden des Menschengeschlechts." (Romain Rolland)

„Die unschuldigen Pflanzen und Tiere sind von Gott in des Menschen Hand gegeben, daß er sie liebe und mit ihnen wie mit schwächeren Geschwistern lebe." (Hermann Hesse)

„Unsere Aufgabe ist es, uns selbst zu befreien, indem wir die Sphäre des Mitleids auf alle Lebewesen ausdehnen." (Albert Einstein)

„Ethik ist ins Grenzenlose erweiterte Verantwortung gegen alles, was lebt." (Albert Schweitzer)

Das ist schon eine erstaunliche und erfreuliche Liste. Umso mehr, wenn man bedenkt, daß die Mehrzahl der angeführten Personen ihre Aussagen zu einer Zeit machte, als es die Tierrechtsbewegung noch gar nicht gab. Das ist ein unabweisbarer Beleg dafür, daß die beliebte Behauptung, Tierrechte seien eine bloße Modeerscheinung, völlig unsinnig ist. Das Gegenteil ist der Fall: Herausragende Geister haben Richtigkeit und Notwendigkeit von Tierrechten schon lange vor der Tierrechtsbewegung erkannt.

Und Elfriede Jelineks Bekenntnis wirft auch ein Schlaglicht auf einen wichtigen Grund für diese frühzeitige Erkenntnis: die innere Logik der Entwicklung von Ethik und politischem Bewußtsein. Die Ausbeutung und Unterdrückung aufgrund der

Spezies ist letztlich genauso willkürlich und falsch wie die Ausbeutung und Unterdrückung aufgrund von Hautfarbe und Geschlecht. Rassismus, Sexismus und Speziesismus befinden sich logisch und ethisch auf der gleichen Ebene – und sind aus dem gleichen Grund falsch: Es sind moralische Diskriminierungen aufgrund moralisch belangloser Merkmale – Hautfarbe, Geschlecht und Artzugehörigkeit.

Viele Nobelpreisträger haben sich überraschend „radikal“ und „provozierend“ geäußert. So auch George Bernard Shaw („Tiere sind meine Freunde ... und meine Freunde esse ich nicht“) und Isaac Bashevis Singer („Wo es um Tiere geht, wird jeder zum Nazi; für die Tiere ist jeden Tag Treblinka“). Das sollte auch uns ermutigen, die Verbrechen an Tieren beim Namen zu nennen. Wer schweigt oder schönredet, macht sich schuldig.

Das Schweigen der Kritiker

Argument oder Ausrede?

Im Hinblick auf das Schächten wird von Seiten „fortschrittlicher" Tierrechtsorganisationen oft argumentiert: Man spreche dieses Thema bewußt nicht an, um nicht ohnehin schon diskriminierte gesellschaftliche Gruppen wie etwa Ausländer oder Muslime weiter zu belasten bzw. um nicht „Beifall von der falschen Seite" zu bekommen. Außerdem und vor allem aber sei diese Zurückhaltung ganz harmlos und undramatisch: Schließlich gebe es sehr viele Probleme, die man nicht thematisiere, und das Schächten sei halt eines davon.

Das ist zugegebenermaßen ein ganz gutes Argument. Aber ich halte es dennoch für eine Ausrede. Ich glaube, daß man das Schächten auch dann nicht thematisieren würde, wenn man fast alle anderen Themen schon behandelt hätte.

Wie dem auch sei, eines ist sicher: Wenn man nur eine kleine Auswahl von Problemen behandeln kann, braucht man Kriterien, um diese Auswahl zu treffen. Im folgenden möchte ich drei solcher Kriterien formulieren, die, wie ich meine, Allgemeingültigkeit und Rationalität für sich in Anspruch nehmen können – und *für* die öffentliche Behandlung des Themas Schächten sprechen:

Man soll Themen ansprechen, bei denen die Erfolgsaussicht möglichst groß ist. Und dies ist naturgemäß dort der Fall, wo man möglichst viele Menschen mobilisieren kann. Voraussetzung hierfür ist seinerseits, daß möglichst wenige Menschen in die betreffende Praxis persönlich involviert sind. Genau dies ist beim Schächten der Fall: Nur sehr wenige Menschen verlangen nach Fleisch, das von geschächteten Tieren stammt.

Man soll Themen ansprechen, die ohnehin bereits diskutiert werden, weil man dann nicht mehr „bei Null“ beginnen muß, sondern auf ein vorhandenes Kritikpotential aufbauen kann. Auch dies ist beim Schächten der Fall.

Man soll Themen ansprechen, die ohnehin bereits diskutiert werden, weil man anderenfalls Gefahr läuft, seine Identität und Glaubwürdigkeit als Tierrechtler zu verlieren: Wenn bereits vorhandene Tier-Themen gerade von Tierrechtsverbänden nicht angesprochen werden, fragt man sich unwillkürlich: Wofür sind die denn dann eigentlich da? Das wäre so, wie wenn sich eine christliche Partei nicht zum Thema Zölibat äußerte oder eine sozialdemokratische Partei keine Position zum Thema Kündigungsschutz hätte.

Und wer, wenn nicht Tierrechtsorganisationen soll zuständig sein, wenn es um das vorsätzliche und systematische quälerische Töten von Tieren geht?

Die Schlächter von Srebrenica

Das Massaker von Srebrenica ist seit vielen Jahren bekannt. Aber so richtig Konsequenzen daraus gezogen, hat man bis jetzt nicht. Dieses Kriegsverbrechen wurde wie üblich nach Kräften verleugnet und verdrängt. Erst jetzt, wo unzweideutiges und unbezweifelbares Filmmaterial aufgetaucht ist, nimmt man die Sache ernst und will die Schuldigen endlich zur Verantwortung ziehen.

Nicht anders verhält es sich mit den ständigen Massakern an Tieren: Auch diese werden, solange es nur irgendwie geht, verleugnet und verdrängt. Und auch hieran wird sich erst etwas ändern, wenn eindeutiges und erschütterndes Filmmaterial vorliegt – und entsprechend verbreitet wird!

Hierfür ist die Gelegenheit jetzt besonders gut. Denn eine Begleiterscheinung der mittlerweile sprichwörtlichen billigen polnischen Schlachthausarbeiter, die ihren deutschen Kollegen angeblich die Arbeitsplätze wegnehmen, ist: Im Zuge der immer weiter fortschreitenden Kostenminimierung, Arbeitsbeschleunigung und Profitmaximierung werden die Tiere immer noch rücksichtsloser niedergemetzelt!

Deshalb wiederhole ich hiermit meinen Aufruf an alle Tierschutz- und Tierrechtsorganisationen:

Daß bereits der „ordnungsgemäße" Schlachthausbetrieb eine recht unerfreuliche Angelegenheit ist, ahnen die meisten Menschen wohl. Aber sie wären mit Sicherheit entsetzt, wenn sie wüßten, welch geradezu unglaubliche „außertourliche" Grausamkeiten im Schlachthaus an der Tagesordnung sind. Was läge also näher, als dieses Entsetzen der Menschen für die Tiere nutzbar zu machen:

Die „außertourlichen", ungesetzlichen Grausamkeiten in Schlachthäusern, etwa die fehlende oder mangelnde Betäubung oder das sadistische Quälen von Tieren, sind wohldokumentiert. Was fehlt, ist die breite, systematische und wiederholte Veröffentlichung dieses Materials. Danach müßte es möglich sein, die Menschen zu mobilisieren, Maßnahmen zur Verhinderung dieser überflüssigen und illegalen Grausamkeiten zu fordern. Auch die Schlachthausbetreiber müßten ein Interesse daran haben, vom Vorwurf des ständigen Gesetzesverstoßes befreit zu werden.

Die permanente Video-Überwachung wäre eine einfache und wirksame Möglichkeit, die Einhaltung der gesetzlichen Bestimmungen in Schlachthäusern zu gewährleisten.

Ich rufe daher alle Tierschutz- und Tierrechtsorganisationen auf, sich auf allen Ebenen vehement und unnachgiebig für eine lückenlose Video-Überwachung aller Schlachthäuser einzusetzen.

Und, wer weiß: Vielleicht führt die durch diese Kampagne bewirkte Kenntnis von den illegalen Grausamkeiten in den Schlachthäusern dazu, daß die Menschen auch die gesetzlich zugelassenen Grausamkeiten in Frage stellen.

Jäger sind mutige Wohltäter

Vor einiger Zeit habe ich einen Text zur Jagd geschrieben, der natürlich leider nach wie vor aktuell ist – zum Beispiel wegen der weiterhin stattfindenden Fuchs-Massaker in England. Von juristischer Seite wurde mir allerdings dringend davon abgeraten, den Artikel zu veröffentlichen: Jäger würden – wen wundert´s – ganz besonders aggressiv reagieren, wenn man ihren Freizeitvertreib in Frage stellt, was mich in große Schwierigkeiten bringen könnte. Ich habe den Text also an mehreren Stellen entschärft oder verändert (woran auch die ursprüngliche Überschrift glauben mußte):

Ich möchte einmal mehr dazu aufrufen, der Bekämpfung der Jagd eine besondere Priorität einzuräumen. Und zwar aus mindestens drei Gründen:

An diesem Terror gegen Tiere sind nur verhältnismäßig wenige Menschen unmittelbar beteiligt, weshalb seine Bekämpfung vergleichsweise große Erfolgschancen hat.

Die objektive Unsinnigkeit und Überflüssigkeit ist bei der Jagd besonders augenscheinlich: Jedem vernünftigen Menschen leuchtet ein, daß der angeblichen Notwendigkeit, bestimmte Tierpopulationen zahlenmäßig konstant zu halten, durch andere Maßnahmen wesentlich effektiver und humaner Rechnung getragen werden könnte.

Die psychische Abartigkeit von Jägern sticht besonders ins Auge. Nicht zufällig bezeichnete Theodor Heuss die Jagd als „eine Nebenform menschlicher Geisteskrankheit“.

Um sich die potentiell gefährliche Psyche eines Jägers zu vergegenwärtigen, braucht man sich nur klar zu machen, was es eigentlich bedeutet, beim Anblick eines Rehs auf den Gedanken kommen zu können: Dieses ahnungslose, unschuldige Wesen könnte ich jetzt doch erschießen!

Seit ein paar Jahren gibt es, insbesondere im angelsächsischen Raum, eine intensive Forschungstätigkeit zum Zusammenhang zwischen der Gewalt gegenüber Tieren und der Gewalt gegenüber Menschen. Meine Tochter, Astrid Kaplan, hat die Ergebnisse dieser Untersuchungen in ihrer Dissertation (Universität Klagenfurt, 2003) dargestellt.

Von daher sind mir die massiven und vielfältigen psychologischen und personellen Verflechtungen zwischen Tier- und Menschenschindern geläufig. So ist etwa bei Jugendlichen, die wegen Tiermißbrauch verurteilt wurden, die Wahrscheinlichkeit, daß sie auch gegenüber Menschen Gewalt ausüben, fünfmal höher, und fast alle Serienmörder haben Tiere gequält, bevor sie Menschen umbrachten.

Ich wage die These: Würde man einen Forscher beauftragen, idealtypische Repräsentanten für schwere und gefährliche menschliche Fehlentwicklungen zu suchen – unter Jägern würde er rasch fündig.

Aus sozialpsychologischen Experimenten ist hinlänglich bekannt, daß nur die situativen Rahmenbedingungen „stimmen“ müssen, um rasch auch aus biederen, braven Bürgern hemmungslose Sadisten, Folterer und Mörder zu machen. Auch hierzu eine These: Jäger würden zu den ersten gehören, die auch zu Massakern an Menschen bereit wären.

Lebensgefährte oder Lieblingsgericht?

Wo ist der moralische Unterschied zwischen Haus- und Nutztieren?

Der Kampf für Tierrechte ist eine mühsame Sache. Aber einen großen Vorteil hat das Thema: Alle vernünftigen und moralischen Argumente sprechen *für* Tierrechte! Der Anlaß für folgende Überlegungen ist ein sehr trauriger und für mich persönlich potentiell vernichtender: der Tod meiner (das Wort drückt kein Besitz-, sondern ein Naheverhältnis aus) Katze Mecky. Sie starb, während ich beim Tierarzt war, um neue Medikamente zu holen – und vorsorglich eine Substanz, die sie schmerzfrei wegdämmern lassen würde.

Die Tendenz der letzten Tage war schon eine recht hoffnungslose: immer weitere Verschlechterung trotz bereits höchster Medikamentendosierung. Aber: In einem ganz ähnlichen Zustand war Mecky schon vor über vier Monaten, wo ihm der Arzt eine Überlebenszeit von ein bis fünf Tagen gab. Entsprechend vorsichtig war ich jetzt natürlich mit dem Erlösungsmittel.

Wir hatten noch eine wunderbare Zeit, von der wir wohl beide wußten, daß sie nicht sehr lange währen würde und wir sie daher nützen müssen. Mecky saß meist den ganzen Tag an meiner Seite, während ich arbeitete.

Und jetzt ist er tot.

Nachdem ich ihn unter dem Bett entdeckt hatte, machte ich einen langen Spaziergang. Ganz in der Nähe werden im Freien ein paar Rinder, Schweine, Hasen und Hühner gehalten. Das ist nicht einmal ein „Bio“-Betrieb, sondern eher ein kleiner Zoo. Allerdings verraten die gelben KZ-Marken in den Ohren der Rinder, daß auch diese Tiere für die Ermordung vorgesehen sind.

Da stehe ich also: verzweifelt und zermürbt vom wochenlangen Verfall und Leiden meines geliebten Freundes, für dessen Wohlbefinden ich alles Erdenkliche getan hatte. Und hier vollkommen gesunde Tiere, die mitten im Leben ermordet werden.

Leute kommen vorbei. Bringen den Tieren etwas zum Essen, streicheln sie, reden mit ihnen. Ich denke mir: Was geht in diesen Menschen wohl vor? Fast frage ich schon: „Sind Sie eigentlich Vegetarier?“ Ich lasse es aber. Eine schlechte Situation und Zeit für solche Gespräche.

Aber: Grundsätzlich eine gute Gelegenheit, um für Tierrechte zu sensibilisieren: Es gibt bei uns doch jede Menge Menschen, die Haustiere haben: Hunde, Katzen usw. Wenn es uns gelänge, wenigstens einem Teil dieser Menschen die Augen dafür zu öffnen, daß Hunde und Katzen einerseits und zum Beispiel Schweine andererseits einander sehr, sehr ähnlich sind und daher die völlig unterschiedliche Behandlung dieser Tiere vollkommen irrational und ungerecht ist, dann wäre schon sehr viel gewonnen!

Wenn wir einen nennenswerten Teil der Hunde- und Katzenbesitzer, die ihre Tiere hegen und pflegen, dazu bringen könnten, ihre Wand von Vorurteilen und Fehlinformationen einzureißen, so wäre das ein Riesenschritt in die richtige Richtung – der seinerseits das Potential für weitergehende Bewußtseins- und Verhaltensänderungen in sich bergen würde.

„Bearbeiten“ wir also alle Haustierbesitzer dahingehend, daß ihnen klar wird, daß sie mit ihrer Lebensweise dafür sorgen, daß andere Tiere, die genauso sensibel und liebesbedürftig sind, schrecklich leiden und sinnlos sterben!

Schopenhauer schätzte das Gebet „Mögen alle lebende Wesen von Schmerzen frei bleiben“. Dieser Wunsch ist leider unerfüllbar. Aber Mecky und Millionen anderer „Haustiere“ sind der Beweis dafür, daß ein Leben mit *wenig* Leiden sehr wohl möglich ist!

Dies zu realisieren, muß unser aller Ziel sein. Und zwar für *alle* Tiere! Unabhängig davon, ob sie zufällig bei uns wohnen, ob wir sie zufällig kennen, ob wir sie niedlich, süß oder sympathisch finden, ob sie lange oder kurze Beine oder Haare haben, ob sie schwarz, braun oder rosa sind. Tiere sind wie wir leidensfähige Wesen und haben daher wie wir das Recht, rücksichtsvoll und respektvoll behandelt zu werden.

Tierrechtler gegen Nobelpreis

An anderer Stelle („Nobelpreisträger für Tierrechte") habe ich darauf hingewiesen, daß sich erfreulicherweise viele Nobelpreisträger positiv im Hinblick auf Tierrechte geäußert haben: Elias Canetti, Elfriede Jelinek, J. M. Coetzee, der Dalai Lama, Bertrand Russell, Bertha von Suttner, Romain Rolland, Hermann Hesse, Albert Schweitzer.

Daraufhin versuchte man, meine Freude dadurch zu dämpfen, daß man darauf verwies, wie viele Nobelpreisträger sich *nicht* für Tierrechte ausgesprochen hätten. Das stimmt natürlich. Wenngleich man – solange sich keine Nobelpreisträger *gegen* Tierrechte aussprechen – durchaus dahingehend argumentieren könnte, daß Pro-Tierrechts-Aussagen von Nobelpreisträgern eben besonderes Gewicht zukommt.

Nun muß ich aber eingestehen, daß meine Euphorie über tierrechtsfreundliche Nobelpreisträger tatsächlich erheblichen Schaden genommen hat: Zwar weiß ich von keinen Nobelpreisträgern, die sich gegen Tierrechte ausgesprochen hätten. Aber es gibt sehr wohl recht viele, die gegen Tierrechte *gehandelt* haben:

Anläßlich der Schließung einer Zuchtanstalt für Versuchstiere wiesen Befürworter von Tierversuchen auf deren Unverzichtbarkeit hin und führten als Beleg die vielen Nobelpreise an, die in letzter Zeit für Leistungen vergeben wurden, die auf Tierversuchen beruhten. Das relativiert die Freude an Pro-Tierrechts-Aussagen von anderen Nobelpreisträgern natürlich beträchtlich.

Wie auch immer – das sind die Fakten und die haben wir zur Kenntnis zu nehmen. Und auf die haben wir zu reagieren! Ich schlage vor, in Zukunft genau darauf zu achten, welche Nobelpreise an Tierfolterer vergeben werden und die anderen Preisträger aufzufordern, die Auszeichnung zurückzugeben oder erst gar nicht anzunehmen – unter Hinweis auf die Verbrechen, für die der Nobelpreis eben auch vergeben wird.

Angesichts des Geldes und des Prestiges, das mit dem Preis verbunden ist, empfiehlt sich vielleicht auch folgende Vorgangsweise: den Preis zwar anzunehmen, aber dafür danach umso deutlicher den Mißstand der Auszeichnung von Tierfolterern aufzuzeigen und zu verurteilen. Auf alle Fälle ist es höchste Zeit, auf diesen Skandal aufmerksam zu machen.

Sowenig die Nobel-Stiftung heute – hoffentlich! – auf die Idee käme, einen ausgewiesenen Rassisten oder Sexisten zu prämieren, sowenig sollte sie künftig auf die Idee kommen, jemanden auszuzeichnen, dessen Forschung und Karriere auf dem Quälen und Umbringen wehrloser und unschuldiger Tiere beruhen.

Alfred Nobel hatte bei der Stiftung seines Preises bekanntlich „den größten Nutzen für die Menschheit“ im Auge. Ein Verhalten, das mit der Respektierung von Tierrechten automatisch einhergeht, ist eine vegetarische Ernährung. Und die würde, sagt Nobelpreisträger Albert Einstein, wie nichts anderes die Chancen für ein Überleben auf Erden steigern.

Paradigmenwechsel

Tierrechtler wie Vertreter der anthropozentrischen Weltsicht stehen jeweils für eine eigene Weltanschauung, für eine bestimmte Weise, die Welt wahrzunehmen. Solche Weltanschauungen sind vor allem auch charakterisiert durch grundlegende Überzeugungen. Im Falle der anthropozentrischen Weltsicht sind das etwa: „Der Mensch kommt zuerst“ oder „Tiere sind für den Menschen da“, im Falle der Tierrechts-Weltanschauung „Tiere haben eigenständige Rechte“ oder „Tiere sind nicht für den Menschen da“.

Auf wissenschaftshistorischer bzw. –theoretischer Ebene wird dieses Phänomen grundlegender Wahrnehmungs- und Überzeugungsformen mit dem Begriff „Paradigma“ bezeichnet. So stellt etwa die Gravitationstheorie ein Paradigma der klassischen Mechanik dar, die ihrerseits ein Paradigma der klassischen Physik repräsentiert.

Auf noch einer anderen, praktischen Ebene können wir Paradigmen und deren Wechsel beobachten, wenn wir über einen längeren Zeitraum Arztbesuche machen. So hieß es etwa bei Vegetariern früher, als noch das „Fleisch-ist-ein-Stück-Lebenskraft“-Paradigma vorherrschte: „Ah, Sie haben schlechte Werte – kein Wunder, Sie essen kein Fleisch!“ Heute, wo das „Rein-pflanzlich!“-Paradigma bereits an Raum gewonnen hat, hört man hingegen immer öfter: „Ah, Sie haben gute Werte – kein Wunder, Sie sind Vegetarier!“

Und jetzt kommt der entscheidende Punkt. Dieser Paradigmenwechsel vollzieht sich nicht dadurch, daß die älteren Ärzte von neuen Erkenntnissen und Zusammenhängen überzeugt werden, sondern dadurch, daß sie durch jüngere Ärzte ersetzt werden. Mit anderen Worten: Der Paradigmenwechsel vollzieht sich im wesentlichen nicht auf der Überzeugungsebene, sondern auf der biologischen Ebene, dadurch, daß die Vertreter des alten Paradigmas aussterben.

Damit sind wir bei der Bedeutung des Paradigmenwechsels für die Tierrechtsarbeit: Bei älteren Menschen erleben wir immer wieder, daß sie in bezug auf Tiere heillos und unheilbar im anthropozentrischen Paradigma gefangen sind. Was ihnen in ihrer Kindheit und Jugend von Eltern, Lehrern und Pfarrern eingeimpft wurde, bekommen sie nicht mehr aus dem Kopf.

In auffallendem und erfreulichem Unterschied dazu sind junge Menschen gegenüber Tierrechten viel unbefangener und aufgeschlossener. Dies ist unter anderem zurückzuführen auf das Verblassen des kirchlichen Weltbildes und auf die verstärkte Vermittlung wissenschaftlicher Weltsichten (Darwin).

Hieraus ergibt sich als praktische Konsequenz: Wir sollten uns in der Tierrechtsarbeit noch mehr als bisher auf junge Menschen konzentrieren. Denn diese haben nicht nur noch ein viel längeres Leben vor sich, sondern bei ihnen fallen vernünftige Argumente auch auf einen viel fruchtbareren Boden.

Und noch etwas spricht für die Konzentration unserer Arbeit auf junge Menschen: Sie sind die besseren, die moralischeren Menschen. Je älter wir werden, desto unmoralischer, „realistischer“ und egoistischer werden wir in der Regel auch. Albert Schweitzer hatte völlig recht: „Wenn die Menschen das würden, was sie mit vierzehn Jahren sind, wie ganz anders wäre die Welt!“

Raumschiff Veganismus

In meinem Vegetarisch-veganen Manifest habe ich mich unmißverständlich zur notwendigen Veganisierung der Gesellschaft geäußert. An meiner diesbezüglichen Einstellung und Zielsetzung kann es also vernünftigerweise keinen Zweifel geben. Dennoch bzw. gerade deshalb halte ich es für unverzichtbar, auf einen Mißstand hinzuweisen, der der Erreichung des veganen Ziels äußerst abträglich ist.

Paradoxerweise sind es gerade manche Veganer, die ein ernsthaftes Hindernis für die Veganisierung der Gesellschaft darstellen. Ich meine jene Personen, die auch in Situationen, in denen von vornherein eine vernünftige Vermittlung des veganen Anliegens unmöglich ist, quasi mit dem veganen Holzhammer um sich schlagen – und damit exakt jenes Bild des Veganers fördern, das ohnehin schon viel zu verbreitet ist: das Bild des irrationalen Fanatikers und unangenehmen Zeitgenossen.

Ein typisches Beispiel für dieses kontraproduktive Verhalten sind Veganer, die in Restaurants das Personal wegen mangelnder veganer Kochkenntnisse kritisieren, ja am liebsten gleich selber das Kommando in der Küche übernehmen würden. Solche und ähnliche Aktionen sind keine Werbung für den Veganismus, sondern das sicherste Mittel, „Veganer“ und „Spinner“ als Synonyme zu zementieren.

Gefährlicher Autismus

Wem es mit der Veganisierung der Gesellschaft Ernst ist, muß solche Auswüchse benennen und bekämpfen – zum Beispiel durch eine Analyse ihrer Entstehungsbedingungen. Die Grundübel sind wohl die Unfähigkeit, die soziale Realität außerhalb des eigenen engen Bekanntenkreises wahrzunehmen – „Raumschiff Veganismus“ sozusagen – sowie, damit zusammenhängend, das Gefangensein in eigenen Vorlieben und Phantasien.

Bei letzterem ergeht es manchem Veganer ähnlich wie dem Fleischesser und dem Vegetarier: Der Fleischesser ist negativ voreingenommen gegenüber dem Vegetarismus, weil er um seine Wurstsemmel bangt. Der Vegetarier ist negativ voreingenommen gegenüber dem Veganismus, weil er um seine Käsesemmel bangt. Und manche Veganer sind negativ voreingenommen gegenüber allem, was „unterhalb" dem veganen Ideal liegt, weil sich ihre Identität aus der persönlichen Erfüllung und moralischen Einforderung dieses Ideals speist, anstatt aus dessen maximaler gesellschaftlicher Verwirklichung.

Oben war von Situationen die Rede, in denen von vornherein eine vernünftige Vermittlung des veganen Anliegens unmöglich ist. Nun bilden solche Situationen aber leider die Regel. Der Veganismus ist ja selbst in moralischen Diskussionen über unseren Umgang mit Tieren nach wie vor schwer vermittelbar. Ganz zu schweigen von allen Alltagssituationen.

Einfache Argumente

Umso wichtiger sind daher extrem einfache, einsichtige Argumente. Und das sind nun einmal vorrangig nicht die Veganismus-Argumente, sondern die Vegetarismus-Argumente. Zum Beispiel: Ich esse kein Fleisch, damit keine Tiere für mich sterben müssen.

Wie lange es selbst bei primitivsten Zusammenhängen dauert, bis sie endlich kapiert werden, zeigt ja auf spektakuläre Weise die Arbeitsplatzdiskussion: Da wird seit Jahrzehnten allseits die abstruse Forderung nach Schaffung von Arbeitsplätzen erhoben, obwohl eigentlich jedem sofort klar sein müßte, daß bei fortschreitender Technisierung die Arbeitsplätze eben immer weniger werden – und daher das (Grund-)Einkommen nicht länger an sie gekoppelt werden darf. Aber trotz der atemberaubenden Schlichtheit dieses Zusammenhanges wird er erst in allerjüngster Vergangenheit öffentlich wahrgenommen.

Einfache Argumente sind also gefordert zur Erreichung des veganen Zieles. Und eine ebenso einfache Erkenntnis: Wer gegenüber Menschen, die man momentan sowieso nicht zu Veganern machen kann, den Vegetarismus propagiert, handelt nicht verantwortungslos, sondern vernünftig. Denn der (moralisch motivierte) Vegetarismus ist ja nicht das Gegenteil des Veganismus, sondern ein Schritt hin zum Veganismus.

Zur Psychologie des Tierrechtlers

Beruf und Berufung des Tierrechtlers bringen ein im Grunde unerträgliches Dilemma mit sich: einerseits muß man empfindlich genug bleiben, um das Leiden wahrzunehmen, andererseits muß man unempfindlich genug werden, um das Leiden auf Dauer zu ertragen.

Hinzu kommt: Man muß „geladen" sein, um engagiert und motiviert arbeiten zu können. Man muß sich die Ungeheuerlichkeit des Unrechts vergegenwärtigen, um es mit Energie bekämpfen zu können. Aber man darf sich andererseits nicht von den unvermeidlichen und notwendigen Aggressionen überwältigen lassen, weil sonst Mord und Selbstmord drohen: Entweder man bringt vor Wut und Ohnmacht tatsächlich einmal einen Tiermörder um oder man wird selbst von diesen Gefühlen förmlich aufgefressen.

In diesem psychologischen Minenfeld das seelische Gleichgewicht zu finden und zu erhalten, ist schwierig und bedarf der ständigen Bemühung. Aber es gibt durchaus Mittel, derer man sich hierbei bedienen kann.

Zunächst ist alles auch und vor allem eine Nervensache. Um die Balance zwischen den geschilderten Abgründen halten zu können, muß man seelisch stark sein. Seelische Stärke kommt aber nicht von ungefähr, sie muß aufgebaut und gepflegt werden. Zum Beispiel dadurch, daß man zu sich selbst gut ist, sich immer wieder einmal eine Freude bereitet. Vor allem aber dadurch, daß man regelmäßig vollkommen „abschaltet" und das Leiden völlig „vergißt".

Kein Mensch kann ununterbrochen gegen das Unrecht ankämpfen, ohne dabei seelisch zugrunde zu gehen. Und dies ist ja auch immer wieder zu beobachten: Menschen, die sich selbst keine Erholung vor dem Grauen gönnen, müssen entweder über kurz oder lang „aussteigen", weil sie es einfach nicht mehr aushalten, oder sie werden zu psychischen Wracks, deren schwindende Energie immer weniger ausrichtet – und deren Erscheinungsbild Wasser auf den Mühlen der Tierschinder ist: „Wieder so ein hysterischer, durchgeknallter Tierschützer!“

Zu schaffen macht Tierrechtlern immer wieder auch das erdrückende Mißverhältnis zwischen den eigenen Möglichkeiten und dem gigantischen Ausmaß der Tierausbeutung. Hier kann zunächst ein Wort Albert Schweitzers berechtigten Trost spenden: „Alles, das du tun kannst, wird in Anschauung dessen, was getan werden sollte, immer nur ein Tropfen statt eines Stromes sein; aber es gibt deinem Leben den einzigen Sinn, den es haben kann, und macht es wertvoll.“

Wichtig ist auch, seine Arbeit nüchtern und emotionslos auf ihre Wirksamkeit hin zu überprüfen – und gegebenenfalls entsprechend zu korrigieren. Wenn man dann nach solchen regelmäßigen Anpassungen und „Revisionen“ des eigenen Handelns feststellen kann, daß die Vorgangsweise zweckmäßig und der Einsatz maximal ist, so ist dies eine sehr, sehr beruhigende Erkenntnis: Mehr als alles kann man nicht tun.

Ein extrem heikles Problem ist die eigene Eitelkeit, die unter Aktivisten grassierenden Profilneurosen und Vereinsmeiereien. Es ist kein Geheimnis, daß hierdurch immense Energien verloren gehen, die an der Front gegen die Tierausbeuter dringend benötigt würden. Anstatt gemeinsam die Gegner zu bekämpfen und sich über jede Verbesserung für die Tiere zu freuen, werden Berichte über Erfolge anderer oft mit Neid und Eifersucht verfolgt.

Es gibt allerdings auch eine Möglichkeit, die eigene Eitelkeit gezielt, bewußt und konstruktiv einzusetzen und in den Dienst der Bewegung zu stellen: man kann sie als wirksame Motivation für das eigene Handeln benützen. Man kann sich der Aussicht auf Mehrung des eigenen „Ruhmes“ bewußt hingeben, um sich auf diese Weise zu Leistungen anzuspornen, zu denen man ohne diese zusätzliche Antriebskomponente vielleicht nicht imstande wäre.

Allerdings: So wirksam diese Ausbeutung der eigenen Eitelkeit im Dienste eines moralischen Zieles auch sein kann – sie bringt auch große Gefahren mit sich. Zunächst die beschriebenen überflüssigen und schädlichen Rivalitäten zwischen Individuen und Gruppen. Darüber hinaus gerät derjenige, der eine so enge Verknüpfung seines Selbstwertgefühls mit seinen äußeren Erfolgen zuläßt, in eine ernste Krise, sobald diese äußeren Erfolge ausbleiben oder sich gar Mißerfolge einstellen. Sachliche Fehlschläge werden dann als persönliche Niederlagen und Kränkungen erlebt. Deshalb sollte diese Ausbeutung der eigenen Eitelkeit im Dienste der Tiere, wenn überhaupt, nur vorsichtig und vor allem nur unvollständig praktiziert werden: Man sollte sich des Mechanismus stets (halb)bewußt sein, um ihm im Krisenfall nicht völlig ausgeliefert zu sein.

Schließlich noch ein Rat für Situationen, in denen man wieder einmal völlig unmotiviert, depressiv und verzweifelt ist: Da vergegenwärtige man sich lebhaft, wie phantastisch es einem – im Augenblick! – doch geht im Vergleich zu den armen Tieren, die sich in der Hand ihrer Folterer und Mörder befinden. Das rückt die Maßstäbe wieder zurecht und man weiß, was wichtig und was zu tun ist.

Meckys Moral-Maxime

Nach Wolfgang Stegmüller unterscheidet Kierkegaard zwischen dem „abstrakten Denker“ und dem „existierenden Denker“: Ersterer arbeitet abstrakt-logisch, ohne sich von seinem Denken selbst vereinnahmen zu lassen. Er baut, bildlich gesprochen, in seinen Gedanken Schlösser, in denen er aber nicht wohnt – sodaß ihm, sollte eines seiner Schlösser abbrennen, selber nichts weiter passiert.

Für den „existierenden Denker“ ist Erkennen hingegen alles andere als ein interesseloses Schauen oder eine intellektuelle Spielerei. Er philosophiert quasi aus der innersten Not seiner Existenz heraus. Der „existierende Denker“ ist in bezug auf die Fragen, die er bearbeitet, persönlich involviert und emotional engagiert.

Ich gehöre wohl zur zweiten Gruppe: Ich behandle im Grunde nur Fragen, deren Lösung für mich selbst von existentieller Bedeutung ist. So war es auch bei der folgenden Fragestellung. Genauer: Folgende Überlegungen bzw. Lösungsansätze *entstanden* erst in einer Situation, die für mich privat extrem prekär und belastend war. Unsere Katze, Mecky, war sehr krank, tagelang am Rande des Todes.

Moralische Konflikte

Viele Moralen sind uns wenig behilflich, wenn es um klassische Konfliktfälle geht (wer darf zuerst ins Rettungsboot, wer soll aus dem brennenden Haus gerettet werden? usw.). Dies trifft etwa für Schweitzers „Ehrfurcht vor dem Leben“ und für Schopenhauers Mitleidsethik zu.

Keine Frage: Es gehört zu den Aufgaben der Ethik, für solche Fälle plausible und praktikable Regeln zu erarbeiten. Zumal es hier ja keineswegs nur um rein hypothetische Situationen geht, sondern oft um bedrückend reale Probleme. Man denke nur an den medizinischen Bereich im allgemeinen und an Organtransplantationen im besonderen.

Aber: Vom „ethischen Output" bzw. von der psychologischen Effizienz her können solche einfache, „eindimensionale" Moralen, die keine ausdrücklichen Prioritätensetzungen beinhalten, dennoch außerordentlich wertvoll sein!

Einfache Moral

Oscar Wilde sagte bekanntlich in bezug auf seinen Geschmack, daß dieser ganz einfach sei: Immer das Beste. In Analogie dazu könnte man sagen: Meine Moral ist ganz einfach: Immer das meiste – soll heißen: Immer so moralisch wie möglich sein, immer so viele gute Taten wie möglich setzen, immer so viel helfen, wie man kann.

Daß auch diese Moral keine ausdrücklichen Vorrangregeln für Konfliktfälle bereitstellt, ist nun in Wirklichkeit ein kleinerer Nachteil, als man vielleicht vermuten würde. Denn wer wirklich konsequent danach trachtet, so moralisch wie möglich zu sein, so viel Gutes wie möglich zu tun, der wird sich auch echte und ehrliche Gedanken in bezug auf richtige Prioritätensetzungen machen!

Noch wichtiger ist freilich: Echte Konflikte sind im moralischen Gesamtbereich, also bei allen moralisch relevanten Situationen, die uns begegnen, die absolute Ausnahme! In den allermeisten Fällen steht nicht eine Entscheidung zwischen zwei moralischen Handlungen an (soll ich zuerst A oder B retten, soll A oder B das Spenderorgan bekommen? usw.), sondern eine Entscheidung zwischen einer moralischen und einer egoistischen Handlung!

Moralisch oder egoistisch

Die typische moralische Frage, die allen Menschen ununterbrochen begegnet, lautet nicht: Helfe ich A oder B? Sondern: Helfe ich oder helfe ich nicht? Handle ich moralisch oder handle ich egoistisch? Stehe ich meinem Nächsten bei oder tue ich das nicht? Kümmere ich mich um die Sorgen und Nöte anderer oder gehe ich meinen eigenen Vergnügungen nach? Tröste ich einen Trauernden oder gehe ich ins Kino?

Um solche Fragen bzw. Entscheidungen geht es in aller Regel. Ethische Konflikte im Sinne einer notwendigen Entscheidung zwischen zwei oder mehreren moralischen Handlungsalternativen in bezug auf andere sind die absolut Ausnahme. „Meine Moral ist ganz einfach: Immer das meiste!" hätte daher, allgemein akzeptiert und praktiziert, immense positive Konsequenzen: Wenn viele Menschen soviele gute Taten wie möglich setzten – die Welt wäre augenblicklich ein nicht mehr wiederzuerkennender, unvergleichlich besserer und schönerer Ort.

Und jedenfalls für mich gilt: Die Beherzigung dieser Maxime ist in schweren Zeiten das einzige, was einem wenigstens etwas Erleichterung verschaffen kann. Die Gewißheit, für Mecky alles mir Mögliche getan zu haben, führte doch zu einer gewissen, vor allem zur einzig möglichen Entlastung. Nur wenig später bestätigte sich diese Erfahrung: Mein Vater wurde schwerst krank. Und wieder war es das Bewußtsein, alles Mögliche getan zu haben, das alleine mir etwas Trost und Erleichterung bescheren konnte.

Können UL-Gegner Tierrechtler sein?

Anläßlich meines Textes „Raumschiff Veganismus" wurde ich gebeten, einmal etwas gegen die dauernde Diffamierung des Universellen Lebens (UL) zu schreiben. Genau das wollte ich eigentlich schon seit längerem tun, habe es dann aber doch unterlassen, weil es immer heißt, interne Querelen würden ein verheerendes Bild der Tierrechtsbewegung vermitteln.

Das stimmt natürlich. Wahr ist aber auch: Auf Dauer *jedem* Unfug zuzusehen, rächt sich ebenfalls. Also will ich zur ewigen Hetze gegen das UL einmal grundsätzlich Stellung nehmen. Allerdings nicht, ohne vorher noch einmal auf mein Vegetarisch-veganes Manifest verwiesen zu haben, damit nicht wieder die unsinnige Unterstellung die Runde macht, ich polemisiere gegen den Veganismus. Das Gegenteil ist der Fall: Ich will auf Fehlentwicklungen hinweisen, die dem Veganismus extrem schaden!

Exzellente Aufklärungsarbeit

Das UL leistet – ich wiederhole mich gerne – exzellente Aufklärungsarbeit im Hinblick auf den allgegenwärtigen Terror gegen Tiere und die Notwendigkeit, diesen zu beenden. Ich kenne solche Materialien aus eigener Anschauung und kann nicht erkennen, was daran schlecht oder schlecht gemacht sein soll. Im Gegenteil: Diese Bilder, Texte, Broschüren und Plakate gehören zum Professionellsten, was die Tierrechtsbewegung zu bieten hat.

Nun wird dem UL von einigen Veganern vorgeworfen, die Tierrechtsbewegung unterwandern zu wollen. Dieser Vorwurf absurd:

Die Tierrechtsaussagen des UL werden ganz überwiegend *nicht* mit Glaubensargumenten begründet. Vielmehr lautet das Credo ganz offenkundig: Fakten, Fakten, Fakten. Aber selbst wenn es anders herum wäre, wäre dies völlig legitim. Warum sollte gerade das UL nicht dürfen, was für alle anderen selbstverständlich ist: ihre Tierrechtsposition in Einklang mit ihrer Weltanschauung zu formulieren.

Es gibt viele Begründungszusammenhänge, auf die sich Tierrechtler berufen können: Der eine ist Utilitarist, der andere verweist auf inhärente Werte, der dritte auf die Mitleidsethik usw. Auf der (partei)politischen und religiösen Ebene setzt sich diese Unterschiedlichkeit der Perspektiven fort: Sozialdemokraten werden Tierrechte anders begründen als Christdemokraten, Gläubige anders als Atheisten usw.

In *diesem* Sinne *ist* die Tierrechtsbewegung also längst „unterwandert“: von Utilitaristen, Schopenhauerianern, diversen christlichen Gruppierungen, Atheisten usw. Hätten wir keine anderen Sorgen, als daß manche Tierrechtler ihre Forderungen in mancher Augen „falsch“ begründen – wir (und vor allem die Tiere!) lebten im Paradies!

Verrückter Vorwurf

Und zum Vorwurf oder Verdacht, das UL wolle die Tierrechtsbewegung aus missionarischen, finanziellen oder machtpolitischen Gründen unterwandern oder instrumentalisieren, ist zu sagen: Angesichts des desolaten Zustandes, in dem sich die deutsche Tierrechtsbewegung befindet, könnte das UL ebensogut Briefmarkensammler oder Schrebergartenvereine unterwandern!

Da kann eine andere These eine ungleich größere Plausibilität für sich reklamieren: Die Fleischindustrie unterwandert mit durchgeknallten Veganern die Tierrechtsbewegung, um ihren potentiell gefährlichsten Gegner durch Spaltung zu schwächen!

Zurück zu den diversen Begründungen für Tierrechte: Mit Tierrechten verhält es sich nicht anders als mit Menschenrechten: Entscheidend ist nicht, wie sie individuell begründet werden, sondern daß sie politisch gefordert und praktisch durchgesetzt werden! Den Tieren, die entweder gefoltert und ermordet werden oder nicht, ist es nämlich völlig egal, welche philosophischen, politischen oder religiösen Überzeugungen ihre Fürsprecher haben!

Vernünftige Frage

Die einzig vernünftige Frage, die Tierrechtler an andere Tierrechtler stellen können, lautet: Leisten die gute Tierrechtsarbeit? Wem eine andere Frage wichtiger ist, beweist, daß es ihm eben *nicht* primär um Tierrechte geht!

Und genau das zeigen die UL-Gegner ja auch im Zusammenhang mit dem Veganismus: Im Vordergrund steht nicht dessen möglichst rasche und breite gesellschaftliche Verwirklichung zum Wohle der Tiere, sondern die eigene kleine, heile Veganer-Welt – Raumschiff Veganismus, Sekte Veganismus, reine, feine, Veganer-Märchenwelt: Wir sind Veganer, wir verdammen alle Nicht-Veganer und was in der wirklichen Welt passiert, interessiert uns nicht. Pech für die Tiere: Sie kommen in der autistischen Vegan-Wahn-Welt nur als virtuelle Heiligenschein-Lieferanten für selbstverliebte Spinner vor.

Politik, Religion und Tierrechte

Immer wieder fällt mir auf, daß die tierfeindlichsten Politiker, also etwa Jäger, gleichzeitig jene sind, die bei jeder passenden und unpassenden Gelegenheit Gott im Munde führen. So hatte sich beispielsweise die jetzige österreichische Gesundheitsministerin Rauch-Kallat, die Fasanjagden organisiert, öffentlich bei Gott für einen guten Wahlausgang bedankt. Diesen mittelalterlichen Unfug der Verquickung von Politik und Religion möchte ich zum Anlaß für eine grundsätzliche Überlegung nehmen:

Die Tierrechtsbewegung muß sich quasi strikt laizistisch organisieren: Sie muß unterscheiden zwischen ihrer „weltlichen“ Zielsetzung, also der Durchsetzung von Tierrechten, und der religiös-ideologischen Ausrichtung ihrer Akteure. Tierrechtler müssen alles sein können – christlich oder jüdisch, „links“ oder „liberal“ usw. –, aber im Hinblick auf ihre politischen Aktivitäten müssen Tierrechte immer Vorrang haben.

Es geht also etwa nicht an zu sagen: Gegen das Schächten protestieren wir nur leise, weil die Moslems ohnehin schon diskriminiert werden. Und: Andersdenkende und -gläubige dürfen nicht *wegen* ihrer anderen Position quasi tierrechtlerisch exkommuniziert werden. Urteile wie „Weil du kein Kapitalismuskritiker bist, kannst du kein richtiger Tierrechtler sein“ sind völlig verfehlt.

Von dieser Ebene muß aber noch einmal unterschieden werden die Frage nach den *Ursachen* der Tierausbeutung. Diese Frage muß nachdrücklich gestellt werden. Und diese Frage muß unvoreingenommen gestellt werden – also auch unabhängig von der eigenen religiös-ideologischen Ausrichtung.

Und wenn man diese Frage nachdrücklich und unvoreingenommen stellt, kommt man unweigerlich zum Ergebnis, daß die mit Abstand wichtigste Einzelursache für das anthropozentrisch-speziesistische Weltbild das Christentum ist. Die christlichen Dogmen (etwa, daß der Mensch Ebenbild Gottes sei und die Tiere *für* ihn geschaffen worden seien) sitzen am tiefsten und schaden am meisten.

Deshalb muß es das Anliegen *aller* Tierrechtler sein, dieser wichtigsten Ursache für die Tierausbeutung effizient entgegenzutreten. Dies mag beim Christen (der vielleicht auf falsche Bibelauslegungen hinweist) anders aussehen als beim Atheisten (der vielleicht alle religiösen Tierrechts-Argumente ablehnt). Aber die Bekämpfung der wichtigsten Ursache für die Ausbeutung der Tiere muß für alle höchsten Stellenwert haben.

Tierrechte und Religion

Immer wieder werde ich auf die Rolle der Religion für Tierrechte angesprochen; insbesondere auch auf meine Aussage, daß populäre christliche Dogmen wie etwa die Gottesebenbildlichkeit, Unsterblichkeit oder Vernunftbegabtheit des Menschen die wichtigsten einzelnen Ursachen für unsere speziesistische Haltung gegenüber Tieren sind. Um immer wieder auftretenden Mißverständnissen entgegenzutreten, möchte ich im folgenden ein paar prinzipielle Klarstellungen treffen.

Politik und Religion

Am wichtigsten ist wohl die im Grunde selbstverständliche Feststellung, daß es sich bei Tier- wie bei Menschenrechten um allgemeinverbindliche Moral-, Rechts- und Gerechtigkeitspositionen handelt, während wir es bei religiösen Überzeugungen mit privaten Glaubenshaltungen zu tun haben.

Allein daraus ergibt sich schon, daß alle strikten Verknüpfungen von Tier- oder Menschenrechten einerseits mit bestimmten religiösen Vorstellungen andererseits unsinnig sind. Bei Menschenrechten leuchtet dies auch jedem sofort ein. So wäre es offenkundig absurd zu sagen: Im Grunde lassen sich Menschenrechte nur in katholischen Ländern verwirklichen. Oder: Um Menschenrechte richtig verstehen zu können, muß man eigentlich Jude sein.

Ebenso unsinnig ist es freilich, zwischen Menschenrechten und bestimmten Religionen prinzipielle Barrieren aufzubauen, also etwa zu sagen: In islamischen Ländern brauchen wir uns um die Verwirklichung von Frauenrechten erst gar nicht zu bemühen, denn deren religiöse Führer wollen das einfach nicht.

Der Punkt ist, wie gesagt: Menschenrechte sind eine Sache, und zwar eine politische – beruhend auf Ethik und Recht –, religiöse Überzeugungen sind eine andere Sache, nämlich eine private – beruhend auf Glaubenspositionen. Und erfreulicherweise bemühen wir uns seit der Aufklärung ja auch, diesem Unterschied Rechnung zu tragen und diese Ebenen zu trennen. Die fatalen Folgen von deren Nichttrennung sind ja in vielen Ländern leider zu besichtigen.

Menschenrechte und Tierrechte

Was eben für Menschenrechte gesagt wurde, gilt gleichermaßen für Tierrechte. Denn Tier- und Menschenrechte sind eine logische Folge bzw. eine untrennbare Einheit: Bei beiden geht es darum, moralische Diskriminierungen aufgrund moralisch belangloser Merkmale zu erkennen und zu überwinden:

Wir haben erkannt, daß die Hautfarbe belanglos ist, wir haben erkannt, daß die Geschlechtszugehörigkeit belanglos ist und immer mehr Menschen erkennen nun, daß auch die Artzugehörigkeit moralisch belanglos ist: Warum soll man jemanden quälen dürfen, weil er zu einer anderen Art gehört? Die Ausbeutung und Diskriminierung aufgrund der Art, aufgrund der Spezies, der Speziesismus, ist genauso falsch wie Rassismus und Sexismus!

Aus der dargelegten sinnvollen und notwendigen Trennung von Politik und Religion, von allgemeinverbindlichen Forderungen und privaten Überzeugungen folgt freilich nicht, daß Religionen keine *zusätzlichen* guten Gründe für die Verwirklichung und Einhaltung von Menschen- und Tierrechten liefern könnten. Etwa, indem man sagt: Dieses oder jenes religiöse Gebot setzt genaugenommen die Akzeptierung universeller Menschenrechte oder die Respektierung allgemeiner Tierrechte voraus.

Herausforderung für Gläubige

Aufgrund des Gesagten erweist sich der eingangs erwähnte Umstand, daß christliche Dogmen wie die Gottesebenbildlichkeit, Unsterblichkeit oder Vernunftbegabtheit des Menschen die wichtigsten einzelnen Ursachen für unsere speziesistische Haltung gegenüber Tieren sind, als besonders grotesk. Denn es zeigt sich, daß hier so etwas wie ein Kategorienfehler vorliegt: Tieren aus Glaubensgründen Rechte vorzuenthalten, ist nicht minder abstrus, als Frauen Rechte vorzuenthalten unter Hinweis darauf, daß der Papst oder ein Islamführer die Höherwertigkeit der Männer verkündet habe.

Schließlich zum häufigen Einwand christlicher Tierrechtler, daß die Abwertung und Ausbeutung von Tieren aufgrund erwähnter Dogmen auf biblischen Fehlinterpretationen beruhe und daß das Christentum tatsächlich, richtig verstanden, Tierrechte begründe: Das ändert aber überhaupt nichts daran, daß die populäre Position „Der Mensch ist viel wertvoller, weil er nach Gottes Ebenbild erschaffen wurde, weil er eine unsterbliche Seele hat und weil er alleine vernunftbegabt ist" *de facto* eine herausragende Rolle bei der Abwertung und Ausbeutung von Tieren spielt!

Und wenn diese populäre Position wirklich eine biblische Fehlinterpretation darstellt, ja, wie oft gesagt wird, die christliche Lehre geradezu „auf den Kopf stellt" – umso besser! Aber dann ist es die unbedingte Pflicht aller verantwortungsvollen Christen, dies zu belegen und zu zeigen, daß das Christentum in Wirklichkeit zusätzliche gute Gründe *für* Tierrechte liefert.

Schadet „Tierdiplomat“ Aufhauser den Tieren?

Die Meinungen über den „Tierdiplomaten“ Michael Aufhauser gehen, was nicht weiter verwunderlich ist, weit auseinander. Die einen sind begeistert von seinem finanziellen Einsatz und seinem vernünftigen Vorgehen, die anderen sind entsetzt ob seines freundlichen Umgangs mit Bauern, Metzgern und anderen Tierschindern.

Diese unterschiedlichen Einschätzungen sind, wie gesagt, nicht weiter verwunderlich. Erstaunlich ist vielmehr, daß man so oft auf eine weitgehende Übereinstimmung in bezug auf Aufhauser stößt. Die lautet dann ungefähr so: Also, bei aller möglicher Kritik, es gibt bestimmt Schlimmeres als jemanden, der sein Vermögen dazu verwendet, um ein so imposantes Tierheim wie das Gut Aiderbichl zu errichten und zu betreiben. Was immer der Mann sonst noch so von sich geben mag, ist angesichts dieser Leistung schlimmstenfalls harmlos.

Ohne dem Ergebnis unserer Analyse inhaltlich vorgreifen zu wollen, muß festgestellt werden: Hier handelt es sich um eine voreilige Schlußfolgerung bzw. Verallgemeinerung: Aus der Tatsache, daß jemand ein tolles Tierheim betreibt, folgt nicht automatisch, daß auch seine Aussagen „Hand und Fuß“ haben oder im schlimmsten Falle harmlos sind. Wir wollen daher im folgenden strikt zwischen zwei Fragen unterscheiden: Schadet Aufhausers Gut Aiderbichl den Tieren? Schaden Aufhausers Aussagen den Tieren?

Die erste Frage läßt sich schnell und sicher beantworten: Selbstverständlich schadet Gut Aiderbichl den Tieren nicht. Für alle Tiere, die hier landen, ist dies ein großes Glück. Gut Aiderbichl gleicht einem kleinen Paradies inmitten einer großen Hölle. Was auch immer Aufhausers Motive gewesen sein mögen, dieses Tierheim zu errichten – und es gibt keinen Grund, ihm schlechte zu unterstellen –: Für die Tiere ist es ein Segen, auf Gut Aiderbichl zu leben.

Merkwürdige Philosophie

Kommen wir also zur zweiten Frage: Schaden Aufhausers Aussagen den Tieren? Dazu müssen wir uns seine „Philosophie“ einmal ansehen. Im Meinungsforum des Salzburger Fensters vom 13. März 2002 beschreibt Aufhauser den Zweck von Gut Aiderbichl so: „Ich möchte mit dem Gut ein sichtbares Symbol für die Würde des Tieres schaffen!“ Es soll „vorgeführt werden, wie empfindsam“ Tiere sind. Und: „Gut Aiderbichl soll sensibilisieren.“

Wozu sensibilisieren, fragt man sich allerdings, wenn man weiter liest: „Die Tatsache, dass die Tiere von Gut Aiderbichl letztendlich nicht zum Schlachter kommen, soll die Fleischproduktion nicht in Frage stellen.“

Wenig erhellend ist auch die Information: „Die Tiere auf Gut Aiderbichl ... haben ... eine Art Diplomatenrolle für ihre Artgenossen.“ Das ist so, wie wenn ich ein Vorzeigeheim für mißbrauchte Kinder errichte, diese Kinder dann zu Diplomaten für alle ihre Leidensgenossen erkläre, um dann festzustellen: Die Tatsache, daß diese Kinder nicht mehr mißbraucht werden, soll den Kindesmißbrauch an sich nicht in Frage stellen.

Bemerkenswert auch Aufhausers Wahrnehmungen in bezug auf Bauern: Seine Mitarbeiter, die allesamt Bauernfamilien entstammten, brächten „ein großes Gespür für die Tiere ... mit.“ Außerdem sei der Salzburger Bauer „zu Recht stolz auf das beispielhafte Verhältnis zu seinen Tieren.“ Und überhaupt: „Bauern sind Tierschützer der vernünftigen Art.“

Man sieht: Zunehmend wird es überflüssig, Aufhausers Aussagen zu kommentieren, sie sprechen für sich – und gegen ihn. Spätestens bei folgender Bemerkung läßt man alle Hoffnung auf Logik und Vernunft fahren: „Tierschutz heißt auch, dem Beruf des Metzgers die entsprechende Achtung entgegen zu bringen.“ Und schließlich, völlig irrwitzig, Aufhausers Zukunftsvision:

„Freier Handel bedeutet ja nicht nur Import. Österreichische Produkte können ebenso exportiert werden. Ich denke da zum Beispiel an hochwertige Eier .... Oder der Tafelspitz als Export-Markenartikel ... mit einer Empfehlung von Gut Aiderbichl, das den Menschen in Deutschland mittlerweile auch bekannt ist. Utopie?“

Nein, keine Utopie, sondern Schwachsinn! Den Namen eines Tierasyls als Gütesiegel für Tierleichen zu vermarkten, ist abartig!

Gefährlicher Unsinn

Unsinn zu reden, ist niemals harmlos. Dies aber obendrein quasi unter falschem Namen zu tun, ist doppelt gefährlich. Wer etwa sagt, Menschen umzubringen, sei nicht weiter schlimm, solange man dabei nur ihre Würde respektiere, ist gefährlich. Wer aber diese Aussage im Namen der Menschenrechte macht, ist noch viel gefährlicher: Weil er zusätzlich die Bewegung, die Menschen schützen soll, ruiniert, indem er sie ad absurdum führt!

Genau das macht Aufhauser. Er sagt, Tiere umzubringen, sei schon in Ordnung, solange man dabei nur ihre Würde respektiere. Und er sagt dies als „Tierrechtler“. Das ist wichtig. Aufhauser sieht sich selbst als Tierrechtler („Förderkreis für Tierrechte“, „Privatstiftung für Tierrechte“) und er wird von den Medien als Tierrechtler gesehen (zum Beispiel bei TV-Sendungen regelmäßig als solcher angekündigt).

Damit kommen wir zur Beantwortung der Frage, ob Aufhausers Aussagen den Tieren schaden? Die Antwort lautet: Ja, Aufhausers Aussagen schaden den Tieren, weil sie keinen Fortschritt in Richtung Befreiung der Tiere darstellen oder bewirken, sondern im Gegenteil für Stillstand und Rückschritt stehen:

Stillstand: Die katastrophale Botschaft Aufhausers lautet: Leute, ihr braucht euer Verhalten nicht zu ändern, ihr könnt ruhig weiter Fleisch essen und ihr braucht dabei auch kein schlechtes Gewissen zu haben!

Rückschritt: Die Tierrechtsbewegung bemüht sich seit 30 Jahren in mühseliger Kleinarbeit, die jahrhundertealte Vorstellung, daß Tiere essen und Tiere schützen vereinbar sei, als verhängnisvollen rationalen und ethischen Unsinn zu entlarven. „Tierrechtler" Aufhauser schickt sich an, eben diesen Unsinn quasi flächendeckend zu plakatieren.

Bedenkliche Wirkung

Bevor wir zu den Schlußfolgerungen kommen, möchte ich das Ergebnis, daß Aufhausers Aussagen Stillstand und Rückstand bedeuten und bewirken, noch etwas ausführen:

Beim Lesen von Texten von und über Aufhauser hatte ich ein Erlebnis, das ich zuletzt vor Jahrzehnten hatte, als es noch keine Tierrechtsbewegung gab: Man denkt, Donnerwetter, endlich ein Mensch, der kapiert, worum es geht – um am Ende doch wieder fassungslos feststellen zu müssen: Fehlanzeige, wieder nichts! So vernünftig und nett der über Tiere auch redet, dagegen, daß man sie umbringt und aufißt, hat er dennoch nichts einzuwenden.

Aufhausers abenteuerliche Rückreise in den unbekümmerten, naiven und irrationalen Speziesismus ist auch das Geheimnis seiner großen Beliebtheit. Da kann und will jeder mitmachen: Weiter Fleisch essen, lustig sein und dabei ein gutes Gewissen haben!

Nichts zu fordern und nichts zu bewirken – das ist Aufhausers „Erfolgsrezept": Er trifft sich wahllos mit beliebigen Society-Deppen, die irgendetwas vom Liebsein zu Tieren ins Mikrofon faseln – um schon im nächsten Augenblick und auch noch nach einem Jahr wieder in ihr Schnitzel zu beißen oder auf die Jagd zu gehen. Aufhausers Promi-Freunde beweisen ununterbrochen vor laufender Kamera, daß sie von Aufhauser nichts gelernt haben. Und Aufhauser scheint das auch nicht zu stören. Hauptsache, wieder ein tolles Foto für die Medien!

Schließlich zu einer besonders bedenklichen Konsequenz von Aufhausers „Philosophie“: Mit seinem ewigen Gerede von der Freundlichkeit, Vernünftigkeit und Achtbarkeit von Bauern und Metzgern und der damit notwendig einhergehenden Verleugnung der grauenhaften Realität richtet Aufhauser einen kaum mehr wiedergutzumachenden Schaden an: Wenn ohnehin im Grunde alles in Ordnung ist, wozu dann die ganze Aufregung, wozu dann die ganzen Aktionen der Tierrechtler? „Der Aufhauser sagt ja auch ...!“ droht zum ultimativen Totschlagargument der Tierschinder zu werden!

Notwendige Konsequenz

Es gibt zwei Möglichkeiten: Entweder Aufhauser ändert seine Aussagen in Richtung Tierrechte. Oder er gibt seiner „Philosophie“ einen passenden Namen, etwa „Umbringen mit Herz“ oder „Ausbeuten mit Würde“. Daß er weiter den Terror gegen Tiere im Namen von Tierrechten propagiert, darf nicht länger hingenommen werden.

Im Interesse der Tiere ist natürlich die erste Möglichkeit vorzuziehen: Es soll alles unternommen werden, um Aufhauser die Augen zu öffnen und ihn zu ermutigen, endlich seinem eigenen Anspruch, nämlich Tierrechtler zu sein, gerecht zu werden.

Das heißt nun überhaupt nicht, daß er sofort alle Menschen zu Vegetariern oder Veganern machen muß. Worum es geht, ist, Schritte in die richtige Richtung zu setzen bzw. zu bewirken. Und dies beinhaltet, wie ich in meinem Text „Eine Reise von zehntausend Meilen beginnt mit dem ersten Schritt“ weiter unten ausführe, viele Möglichkeiten.

Entscheidend ist, um es bildlich auszudrücken, Hinweisschilder in Richtung Befreiung der Tiere, also in Richtung Beendigung der Ausbeutung von Tieren aufzustellen. Was Aufhauser macht, ist, Schilder aufzustellen, die die Menschen zum Stehenbleiben und Rückwärtsgehen ermuntern.

Allgemeiner Appell

Ich hege für Michael Aufhauser durchaus freundschaftliche Gefühle. Deshalb fiel es mir auch nicht ganz leicht, diesen Beitrag zu verfassen. Aber es geht nicht um Aufhauser und es geht nicht um mich. Es geht nicht um seine Feinde und es geht nicht um seine Freunde. Worum es einzig und allein geht und gehen muß, sind die Tiere. Und deshalb war diese nüchterne Analyse notwendig. Ebenso notwendig ist aber nun, leidenschaftlich zu versuchen, Aufhauser doch noch konstruktiv in die historische Aufgabe der Befreiung der Tiere einzubinden.

Ist Biofleisch die Lösung?

Ich nehme die Tatsache, daß sich „Tierdiplomat" Michael Aufhauser immer wieder für „Biofleisch" stark macht, zum Anlaß, einmal die ethische Wertigkeit von „Biofleisch" ausdrücklich und grundsätzlich zu thematisieren. Ich beziehe mich dabei auf meine Diskussion mit Stefan Bernhard Eck im A.K.T.E.-Forum (www.tierrechteportal.de), wo er seine überzeugenden Argumente anschaulich darlegt. Ich beschränke mich im folgenden im wesentlichen darauf, das Ergebnis dieser Diskussion, wie ich es sehe, darzustellen bzw. auf den Punkt zu bringen.

Nehmen wir einmal an, bei uns wäre nicht nur die Todesstrafe üblich, sondern auch, die zum Tode Verurteilten vor der Hinrichtung zu foltern. Ergäbe sich nun die Möglichkeit einer Reformierung dieser grausamen Praxis dergestalt, daß den Todeskandidaten wenigstens die Folter erspart wird, so müßten wir uns für diese Erleichterung ihres Schicksals selbstverständlich einsetzen. Und zwar auch gegen den Widerstand jener Todesstrafen-Gegner, die eine solche Reformierung der Todesstrafe als strategisch kontraproduktiv ablehnen, weil sie das Grundübel Todesstrafe nur weiter zementiere.

Es wäre unsere Pflicht, alles daranzusetzen, um diese momentan mögliche Notlösung auf dem Weg zur Lösung, sprich: auf dem Weg zur Abschaffung von Folter *und* Todesstrafe, zu realisieren. Wir müßten das mögliche geringere Übel dem praktizierten größeren Übel vorziehen.

Andererseits wäre es natürlich ein fataler Fehler, diese Notlösung nun schon als Lösung zu betrachten und zu propagieren. Denn das geringere Übel ist selbstverständlich noch immer ein Übel, das es zu bekämpfen und zu beseitigen gilt. Das Etappenziel Abschaffung der Folter darf nicht mit dem Endziel Abschaffung der Folter und der Todesstrafe verwechselt werden.

Ebenso verhält es sich mit „Biofleisch“: Die „normale“ Fleischproduktion bedeutet für die Tiere, daß sie vor der Schlachtung auch noch lebenslang gequält werden. Wenn wir den Tieren diese Folter vor der Hinrichtung ersparen können, dann müssen wir dies tun. Und „Biofleisch“ ist ein Schritt in diese Richtung, denn bei der „biologischen“ Tierzucht haben die Tiere wenigstens vor ihrem Tod ein mehr oder weniger angenehmes Leben. (Wenngleich die Schlachtung und die Vorbereitungen dazu mit Sicherheit auch hier in den allermeisten Fällen mit schrecklichem Leiden verbunden sind.)

In einem entscheidenden Punkt hinkt der obige Vergleich zwischen Folter und Hinrichtung einerseits und „normalem“ bzw. „biologischem“ Fleisch“ andererseits freilich: Es besteht weder die Notwendigkeit, „normales“ Fleisch zu essen noch die Notwendigkeit, „Biofleisch“ zu essen! Der Vergleich kommt daher nur im Hinblick auf jene Menschen zum Tragen, die auch nach aller Belehrung über die medizinische Nicht-Notwendigkeit und ethische Verwerflichkeit des Fleischessens weiterhin auf eben dieses beharren.

Hier und nur hier gilt: Besser „Biofleisch“. Aber „Biofleisch“ muß weiter als das bezeichnet, bewertet und behandelt werden, was es ist: als eine Notlösung und keine Lösung, als das geringere Übel, aber noch immer als Übel.

Auf den Punkt gebracht, gibt es hier zwei unverzeihliche Verfehlungen: Leidensfähigen Wesen aus strategischen Gründen die Notlösung „Biofleisch“ zu verweigern. Diese Notlösung „Biofleisch“ bereits als Lösung zu bezeichnen und zu propagieren.

Eine Reise von zehntausend Meilen beginnt mit dem ersten Schritt

Die Einigkeit der Tierrechtsbewegung ist die erste Voraussetzung für den Erfolg der Tierrechtsbewegung. Ohne Einigkeit kein Fortschritt in Richtung Befreiung der Tiere. In einer Situation, in der es auf der einen Seite eine institutionalisierte und industrialisierte Tierausbeutung gibt und auf der anderen Seite lediglich eine kleine Minderheit von Menschen, die das ernsthaft ändern wollen, ist Einigkeit oberstes Gebot. Wenn sich diese wenigen auch noch streiten, anstatt ihre Kräfte zu bündeln, kann sich nichts zum Besseren wenden.

Und die Einigkeit, die gemeinsame Ausrichtung der Tierrechtsbewegung hat sich an den Fakten der realen Welt zu orientieren. Denn es ist diese reale Welt, in der die Tiere leiden und sterben und es ist daher diese reale Welt, die es zu beeinflussen und zu verändern gilt.

Voraussetzung für die Einigkeit der Tierrechtsbewegung ist die Anerkennung aller Schritte in die richtige Richtung. Geschieht dies nicht, vergeuden wir ewig Zeit und Energie mit Vorwürfen wie „Ihr seid zu radikal!“ oder „Ihr seid zu gemäßigt!“ Dabei ist die eine Vorhaltung so unsinnig wie die andere. Denn um von einem Ausgangspunkt zu einem Zielpunkt zu gelangen, ist der erste Schritt so wichtig wie der letzte und der letzte so wichtig wie der erste.

Deshalb müssen alle Schritte in die richtige Richtung wahrgenommen und gewürdigt werden: Wenn jemand, der bis jetzt 20 % vegane Lebensmittel gegessen hat, nunmehr 40 % vegane Lebensmittel ißt, so ist das ein Schritt in die richtige Richtung. Wenn ein Fleischesser zum Vegetarier wird, so ist das ein Schritt in die richtige Richtung. Wenn ein Fleischesser, der bisher zehn Wurstsemmeln pro Woche gegessen hat, nur mehr fünf ißt, so ist das ein Schritt in die richtige Richtung. Und wenn jemand, der noch nie über Tierrechte nachgedacht hat, beginnt, über Tierrechte nachzudenken, so ist das ein Schritt in die richtige Richtung.

Allen, denen die Reisegeschwindigkeit zu gering ist, steht es offen, größere Schritte zu machen. Aber sie dürfen dabei diejenigen, die sie überholen, nicht beschimpfen oder behindern.

Unmoralische Mehrheiten bedürfen mutiger Minderheiten

Zum Spannungsverhältnis zwischen Demokratie und Ethik

Mit demokratischen Mehrheiten läßt sich Beliebiges politisch durchsetzen, aber niemals als moralisch richtig erweisen. Würde etwa heute eine Mehrheit der Bevölkerung die Verfolgung, Vertreibung und Ermordung von Juden und „Zigeunern" befürworten oder dulden, bliebe dies selbstverständlich dennoch ein Verbrechen. Dieses Spannungsverhältnis zwischen Demokratie und Ethik bringt naturgemäß gravierende Probleme mit sich.

Nehmen wir folgenden Fall an: Es gibt Konzentrationslager, in denen regelmäßig Unschuldige gefoltert und ermordet werden. Obwohl die Existenz dieser KZs allgemein bekannt ist, findet sich in der Bevölkerung dennoch keine Mehrheit für ihre Schließung. Frage: Was können, dürfen, müssen diejenigen tun, die an diesen Verbrechen nicht mitschuldig sein wollen und sich weigern, davor weiter die Augen zu verschließen?

Sollen diese KZ-Gegner gleich die Demokratie abschaffen, eine Revolution ausrufen, eine andere Regierungsform installieren? Ein gefährliches, unsicheres und wenig aussichtsreiches Unterfangen.

Sollen die KZ-Insassen, die auf ihre Folterung und Ermordung warten, einfach damit vertröstet werden, daß politisches Klima und Mehrheitsverhältnisse momentan leider ungünstig seien und sie sich daher ihrem grausamen Schicksal fügen müßten? Ebenfalls keine akzeptable Alternative. Bleibt schließlich wohl nur:

Diesen akut und existentiell Bedrohten muß unabhängig von allen politischen Mehrheitsverhältnissen und sonstigen allfälligen Widrigkeiten umgehend geholfen werden. Es muß sofort alles Mögliche unternommen werden, um sie zu retten. Ethisch entscheidend ist hierbei, daß diese „illegale" Hilfe (die KZs sind „demokratisch legitimiert“) nicht nur irgendwie „tolerabel“ oder „erlaubt“ ist – sowenig das „illegale“ Verstecken von Juden in der Nazi-Zeit bloß „tolerabel“ oder „erlaubt“ war –, sondern daß diese „illegale“ Hilfe ein absolutes moralisches Muß darstellt. Wo Recht zu Unrecht wird, wird Widerstand zur Pflicht.

Daneben muß selbstverständlich die Arbeit auf politischer Ebene fortgesetzt werden – mit dem Ziel, alle Konzentrationslager ein für alle Mal zuzusperren und abzuschaffen. Dabei gilt es, sich einer Eigenschaft der Demokratie zu entsinnen, die wenig bedacht wird: Es werden laufend Entscheidungen getroffen und Dinge durchgesetzt, die, wenigstens anfangs, keinerlei Mehrheitschance haben – also bei direkter Abstimmung durch die Bevölkerung hoffnungslos scheitern würden.

Als Beispiele hierfür seien so unterschiedliche Dinge genannt wie die Einführung der Gurtenpflicht, alle Minderheitenrechte, die tatsächlich oder angeblich zu Lasten der Mehrheit gehen, sowie die Einführung des Euro. Diese Liste ließe sich beliebig verlängern. Ununterbrochen werden Neuerungen entweder „still und leise“ einfach „durchgezogen“ oder aber so lange politisch vor- und aufbereitet, bis sie mehrheitsfähig sind – oder bis gegen sie zumindest keine nennenswerten Proteste mehr zu erwarten sind. Man denke nur an die immensen Widerstände, die es gegen EU und Euro gab, und wie beides heute nicht nur als Selbstverständlichkeit akzeptiert, sondern als Errungenschaft gefeiert wird!

Demokratie ist eben ein viel komplexerer und letztlich „undemokratischerer“ Prozeß, als meist angenommen wird. Und dies hat durchaus auch Vorteile: Ohne solche Korrektiv-Mechanismen wäre Demokratie als Regierungsform völlig untauglich, weil Vernunft und Moral oft wenig Chancen hätten, sich Gehör zu verschaffen.

PS: Die oben erwähnten Unschuldigen, die es sofort vor Folter und Ermordung zu retten gilt, existieren wirklich: Es sind die Tiere, die in unseren Versuchslabors, Tierfabriken und Schlachthöfen ihres gräßlichen Schicksals harren. Sie zu befreien, ist in keinem diffusen Sinne lediglich „zulässig“, sondern vielmehr unabdingbare moralische Pflicht.

Gewalt, Politik und Ethik

Zur Notwendigkeit zukunftsorientierten Handelns

In der Tierrechtsbewegung gibt es zwei sich unversöhnlich gegenüberstehende Positionen bzw. Lager: Jene, die „Gewalt“ als legitimes Mittel bei der Befreiung der Tiere aus menschlicher Knechtschaft erachten, und jene, die „Gewalt“ prinzipiell ablehnen. Wobei gleich hinzugefügt werden muß: In den meisten Fällen, in denen Tierrechtlern, insbesondere bei Tierbefreiungen, „Gewalt“ vorgeworfen wird, handelt es sich de facto höchstens um Sachbeschädigung.

Bevor wir fortfahren, sollen beide Positionen kurz beschrieben werden:

Der militant-revolutionäre Ansatz: Wenn auch nach Jahrzehnten der Aufklärung und Bewußtseinsbildung das Foltern und Morden ungebremst weitergehen, ist es an der Zeit, zu anderen Mitteln zu greifen. Schließlich können wir nicht ewig zusehen, wie unschuldige Tiere gnadenlos massakriert werden. Wo Recht zu Unrecht wird, wird Widerstand zur Pflicht.

Der politisch-evolutionäre Ansatz: Ich nenne dies das Uno-Prinzip: Langfristig erfolgreich kann die Tierrechtsarbeit nur sein, wenn sie sich an Grundsätzen orientiert, die auch vor der Uno-Vollversammlung dargelegt und propagiert werden könnten. Zur mühsamen, kontinuierlichen politischen Arbeit mit schrittweisen Erfolgen gibt es keine vernünftige Alternative.

Der Konflikt zwischen beiden Positionen stellt eine schwere Belastung für die Tierrechtsbewegung dar – weil er sie spaltet und schwächt. Und das Ganze wiederholt sich auf der individuellen Ebene: Auch Personen werden gespalten und geschwächt, weil sie zwischen beiden Positionen hin- und hergerissen werden. Kein Wunder: *Beide* Positionen können auf Situationen verweisen, die ihre Richtigkeit und Notwendigkeit „beweisen“:

Wenn es darum geht, in gediegener Atmosphäre seriöse Menschen rational zu überzeugen, so funktioniert dies nur mit friedlichem Verhalten und vernünftigen Argumenten. Und wenn wir andererseits in eine Situation geraten, in der ein wehr- und hilfloses Tier barbarisch gequält und getötet werden soll und wir auch nur *irgendeine* Möglichkeit sehen, ihm zu helfen, so *müssen* wir ihm helfen – auch wenn das „Recht" auf Seiten der Folterer und Mörder ist.

Erfolg der Tierrechtsbewegung

Beide beschriebenen Positionen stehen sich also, wie gesagt, weitgehend unversöhnlich gegenüber. Aber vielleicht ergeben sich doch Chancen in Richtung Versöhnung oder Verständigung oder zumindest in Richtung Verständnis, wenn wir uns einmal vergegenwärtigen, *warum* wir uns eigentlich in dieser fatalen Situation befinden. Wir befinden uns deshalb in dieser fatalen Situation, weil die Tierrechtsbewegung so *erfolgreich* war, weil sie so *rasche* Fortschritte erzielte!

Die durch die Tierrechtsbewegung angestoßene Entwicklung erfolgte in dem Sinne viel schneller als bei anderen Bewegungen, als die von ihr bewirkte Bewußtseinsänderung unvergleichlich größer ist. Nehmen wir etwa die Frauenrechtsbewegung. Der Beginn der modernen Frauenrechtsbewegung und der Tierrechtsbewegung fallen in etwa in die gleiche Zeit. Aber im Vergleich zur Tierrechtsbewegung war die von der Frauenrechtsbewegung zu bewerkstelligende Bewußtseinsänderung winzig.

Dies wird klar, wenn man sich die Bewußtseinsänderung, die die Tierechtsbewegung bewirkt hat, vergegenwärtigt: von der Wahrnehmung der Tiere als vollkommen rechtlose Sachen, mit denen man machen kann, was man will, bis zur Wahrnehmung der Tiere als moralisch prinzipiell gleichwertige Mitgeschöpfe. Kein Mensch hat in den sechziger und siebziger Jahren des vorigen Jahrhunderts Frauen als rechtlose Gegenstände, mit denen man machen kann, was man will, betrachtet!

Fatale Folge dieses Unterschiedes zwischen Frauenrechts- und Tierrechtsbewegung: Während sich die vergleichsweise kleine Bewußtseinsveränderung der Frauenrechtsbewegung verhältnismäßig schnell allgemein durchsetzen konnte – mit den entsprechenden Gesetzesänderungen! –, stoßen die unvergleichlich radikaleren Forderungen der Tierrechtsbewegung nur bei einem Teil der Bevölkerung auf positive Resonanz – und haben daher bis jetzt auch nur kosmetische Gesetzesänderungen bewirkt.

Die Konsequenz ist eine große Differenz zwischen dem Bewußtsein der Tierrechtler einerseits und dem Bewußtsein der breiten Bevölkerung und der Beschaffenheit der Gesetze andererseits. Und exakt diese Differenz ist Ursache und Grundlage für die unversöhnlichen „Gewalt"-Positionen – bzw. für die nach wie vor schrecklichen Lebensbedingungen der Tiere, die diese Positionen erst ermöglichen.

Diese Differenz gilt es zu überbrücken. Wenn das Bewußtsein der Tierrechtsbewegung im Hinblick auf gesellschaftliche Verbreitung und gesetzliche Umsetzung einmal mit dem Bewußtsein der Frauenrechtsbewegung gleichgezogen hat, sind wir schon sehr weit.

Zusammenhang zwischen Tierrechten und Frauenemanzipation

An dieser Stelle sollte vielleicht einmal auf den ideellen und historischen Zusammenhang zwischen Tierrechtsbewegung und Frauenrechtsbewegung hingewiesen werden: Die Tierrechtsbewegung ist die logische Fortsetzung anderer Befreiungsbewegungen, wie der Befreiung der Sklaven oder eben der Emanzipation der Frauen. Denn immer ging und geht es darum, moralische Diskriminierungen aufgrund moralisch belangloser Merkmale zu erkennen und zu überwinden:

Wir haben erkannt, daß die Hautfarbe belanglos ist. Wir haben erkannt, daß die Geschlechtszugehörigkeit belanglos ist. Und jetzt erkennen immer mehr Menschen, daß auch die Artzugehörigkeit moralisch belanglos ist: Warum soll man jemanden quälen dürfen, weil er zu einer anderen Art gehört? Die Ausbeutung und

Diskriminierung aufgrund der Art oder Spezies, der Speziesismus, ist genauso willkürlich und falsch wie Rassismus und Sexismus.

Zurück zur Differenz zwischen dem Bewußtsein der Tierrechtler einerseits und dem Bewußtsein der breiten Bevölkerung und der Beschaffenheit der Gesetze andererseits. Wie kann diese Kluft überbrückt werden? Teilweise wenigstens dadurch, daß wir schon heute so handeln, als hätte sich das Tierrechtsbewußtsein bereits allgemein durchgesetzt. Dieser aktionistische Vorgriff auf künftiges Bewußtsein ist notwendig, um eben dieses Bewußtsein zu schaffen.

Jürgen Habermas hat diesen Zusammenhang in bezug auf die Menschenrechte so formuliert: Die Menschenrechtspolitik ist „angesichts des unterinstitutionalisierten Weltbürgerrechts zum ... Vorgriff auf einen künftigen kosmopolitischen Zustand (genötigt), den sie zugleich befördern will." Mit anderen Worten: Wir dürfen nicht ausschließlich statisch-gegenwartsbezogen denken und handeln – so sind die Gesetze, also dürfen wir nur so handeln. Vielmehr müssen wir auch dynamisch-zukunftsbezogen denken und handeln: Wir müssen schon heute so handeln, als hätten wir die Gesetze von morgen.

Historische Perspektive

Entscheidend ist die historische Perspektive. Die Dinge ändern sich und müssen daher auch in historischer Perspektive betrachtet werden. Das war bei Menschenrechten nicht anders: Einst waren Menschenopfer, Gladiatorenkämpfe, Hexenverbrennungen und Sklaverei an der Tagesordnung. Heute schütteln wir darüber den Kopf. So wird es auch im Hinblick auf unseren Umgang mit Tieren sein.

In bezug auf Tiere befinden wir uns in einer historischen Umbruchphase. Das jetzige Stadium gleicht jener Situation, als immer mehr Menschen erkannten, daß die Sklaverei moralisch nicht mehr haltbar ist. Solche Umbruchphasen sind durch zweierlei gekennzeichnet: gesellschaftliche Gespaltenheit und rechtliche Unsicherheit. Warum? Weil vorhandene gesetzliche Bestimmungen neuen moralischen Forderungen hinterherhinken.

Dazu ein historisches Beispiel: Im Jahre 1839 segelte das Sklavenschiff „La Amistad“ vor der kubanischen Küste. Auf Kuba sollten die Sklaven vor dem Verkauf aufgepäppelt werden. Da erlaubte sich der Schiffskoch mit den Sklaven einen üblen Scherz: Er sagte ihnen, sie würden nun bald geschlachtet werden.

Dies löste einen Aufstand der Sklaven aus, sie töteten den Kapitän und seine Mannschaft und nahmen die beiden Schiffseigentümer als Geiseln: Diese sollten das Schiff zurück nach Afrika segeln. Doch die beiden Geschäftsleute tricksten die Aufständischen aus und steuerten das Schiff stattdessen nordwärts in einen US-Hafen. Dort wurden die Sklaven als Mörder vor Gericht gestellt und den Rädelsführern drohte die Todesstrafe.

Aber, und das ist der Punkt: Gegner der Sklaverei – darunter der Ex-Präsident John Quincy Adams – erreichten, daß die Sklaven, die sich gewaltsam ihrer Peiniger entledigt hatten, nicht verurteilt, sondern freigesprochen wurden. Vor diesem Hintergrund muß auch alles gesehen werden, worüber heute unter der Überschrift „gewaltsame Tierbefreiungen“ berichtet wird.

Was daher beim heutigen Umgang mit Tieren unerläßlich ist, ist, sich zu vergegenwärtigen: Es geht nicht primär um den Buchstaben des Gesetzes, sondern um die historische Perspektive, um die historische Entwicklung, um die historische Veränderung, die im Begriffe ist, sich zu vollziehen. Wie und wie schnell sich dieser Prozeß vollziehen wird, kann heute mit Sicherheit niemand sagen. Aber das war bei der Verurteilung und Überwindung der Sklaverei auch so. Zuerst war Sklaverei erlaubt, dann war sie umstritten, dann wurde sie verboten. Dann haben sich diejenigen durchgesetzt, die sich für eine universelle Ethik engagierten.

Und so wird es aufgrund der inneren Logik aller Befreiungsbewegungen auch bei der Verurteilung und Überwindung der Versklavung der Tiere sein. Denn die Entwicklung der Ethik vollzieht sich, wie Peter Singer in seinem Buch „The Expanding Circle“ so eindrucksvoll darlegt, als Ausdehnung der moralischen Sphäre. Jetzt sind die Tiere an der Reihe.